망초꽃 핀 언덕

현 대 수 필 가 1 0 0 인 선 · 58

망초꽃 핀 언덕

박영수 수필선

좋은수필사

■ 책머리에

수필은 누구나 부담 없이 읽고, 마음만 먹으면 직접 쓸 수도 있는 가장 친근한 문학이다. 다른 영역의 문학이 영상매체에 밀려 신음하고 있는 중에도 수필 인구만은 날로 증가하여 바야흐로 수필 전성시대를 구가하고 있는 이유도 거기에 있을 것이다.

시대적 추세에 힘입어 수많은 수필전문지, 수필동인지가 창간되고, 이에 비례하여 신진 수필가도 날로 늘어나다 보니 이제는 그 많은 작가, 그 많은 작품 중에서 문학성 높은 작품을 가려 읽는 일이 쉽지 않게 되었다. 이런 현상은 작가에게나 독자에게나 결코 바람직한 일이 아니다. 더 나아가서는 수필을 연구하는 후세들에게도 큰 부담이 될 것이다.

이런 문제를 해결하는 데는 출판인도 마땅히 한몫을 감당해야 한다는 평소의 소신에 따라, 본사가 기꺼이 그 역할을 맡기로 했다. 그 첫 번째 사업으로 시대를 대표할 만한 수필가 100인을 선정하고, 작가가 자선한 40편 내외의 작품을 수록한 문고본을 발간하여 이를 널리 보급함으로써 그 소임을 다하고자 한다.

본사는 사명감을 가지고 이 사업을 추진해 나가기로 했다. 작가 선정을 전담할 편집위원회를 구성하고 전권을 위임하여 일체의 사적인 정실이나 청탁을 배제함으로써 전문성과 공

정성을 확보해 나갈 것이다.

따라서 이 기획물 속에는 작가의 문학정신뿐만 아니라, 본사의 문학사적 기여 의지와 편집위원 제위의 수필문학에 대한 애정과 문인으로서의 양심이 함께 담겨 있음을 자부한다. 다만, 작가를 선정하는 기준에는 많은 견해의 차이가 있을 수 있고, 선정 과정에서도 미처 챙기지 못한 부분이 있을 것이라는 사실만은 인정하지 않을 수 없다. 이 점에 대해서는 관계자 여러분의 양해 있으시기 바란다.

이 시리즈의 발간 순서는 작가, 또는 본사의 사정에 의한 것일 뿐 그 밖의 어떤 기준도 적용하지 않았음을 밝힌다.

본 기획물이 시대를 초월한 많은 수필 애호가들의 관심과 애정 속에 우리나라 수필문학 발전에 한 이정표가 되기를 바랄 뿐이다.

2009년 6월

좋은수필 발행인 서 정 환
현대수필가 100인선 간행 편집위원 박 재 식 최 병 호
정 진 권 강 호 형
변 해 명

1_부

2_부

3_부

4_부

1부

버림받은 자의 축복

미국 캘리포니아 주 어느 대학과 우리 대학이 교류협력관계를 틀 때의 일이다. 홍보 부서에서 일하고 있던 나는 전송지로 날아온 대표단 방문계획서를 살피다가 적이 실망했다.

협의차 오겠다는 사람이 부총장과 부인(교수) 그리고 세 딸뿐이었기 때문이다. 사사로운 가족여행에 대접을 좀 받아 보자는 것이 아닌가, 하는 의구심마저 들었다.

그런데 청주의 하루 일정이 학교 방문 말고는 도심 한복판에 있는 공원을 돌아보는 게 고작인 걸로 보면 관광여행은 아닌 듯도 했다. 고개를 갸우뚱하다 '비고란'을 보고 궁금증은 다소 풀렸다.

거기에는 부총장의 두 자녀가 뜻밖에도 청주 태생의 입양아入養兒라고 적혀 있었다. 공원은 그 애들과 관계가 있는 듯했다.

문득 하나의 아이디어가 떠올랐다. 입양아의 친부모를 찾아낼 수만 있다면 극적인 재상봉이 이루어지지 않겠는가. 울고불고하는 감격적인 상봉장면이 매스컴을 타면, 우리 대학은 덩달아 빛을 낼 수 있다는 계산, 홍보 담당자다운 발상이라고 할까.

즉각 교류를 주선한 S교수를 통해 의사를 타진해 보았으나 실망스럽게도 그럴 의향이 없다는 연락이 왔다. 생각을 덮어버릴 수밖에 없는 노릇이었다. 그런데 추가로 날아온 한 장의 전송지는 내 마음을 흔들어 놓고 말았다. 홀트아동복지재단의 입양기록을 요약한 다음과 같은 내용이었다.

> 1983년 4월 어느 날 새벽, 청주 중앙공원 방범초소 안에 몰래 내다 버려진 기아棄兒를 경찰이 발견함. 세 살과 두 살짜리 이 여아는 홀트재단에 넘겨졌고 일정기간 위탁과정을 거쳐 85년 가을 미국 캘리포니아 브라운가에 입양처리됨.

도대체 어찌 이리도 무책임한 부모가 있을 수 있단 말인가. 전쟁 때도 아니고 굶주리던 시절도 아닌 엊그제 같은 80년대초, 내가 살고 있는 청주 땅에 이런 일이 있었단 말인가.

처음엔 비정한 모정母情에 혀를 내두르며 원망을 퍼부었지만 흥분이 가라앉고 나자 슬그머니 '오죽했으면 하나도 아닌

두 딸을 내다 버렸을까, 어떤 피치 못할 사정이 있었던 것은 아닐까?' 하는 동정론이 고개를 내밀었다.

TV 화면에서 보던 감동어린 가족 상봉의 모습, 그 중에도 "왜 나를 버렸느냐."라고 몸부림치던 딸이 "못난 에미를 용서해다오. 그 때는 그런 사정이 있었더란다." 하자 끝내는 어머니를 부둥켜안고 회한의 눈물을 흘리던 장면이 퍼뜩 떠올랐다.

'그래, 맺힌 한恨은 풀어야 해. 아무리 버렸다 해도 혈육은 혈육. 만나게 하는 것이 사람의 도리야. 오해도 풀 수 있고 뿌리를 찾고 나면 미움도 그리움으로 바뀔 수도 있지 않겠어? 여기까지 데려온 걸 보면 은근히 기다릴지도 모를 일이거든'.

자문자답을 하다 보니 어쩌면 그녀들이 향수병鄕愁病에 걸려 있을 듯도 싶었고, 내색을 않으면서도 부모와 형제를 그리워하고 있는지도 모른다는 생각도 들었다.

나는 일행이 중앙공원을 방문할 때 슬그머니 기자들을 끼어들게 하여 자연스럽게 취재를 유도하는 은밀한 계획을 실천에 옮겼다. 강보에 싸여진 채 버려져 이름조차 기억 못하더라도 부모형제 닮지 않은 사람은 없는 법, 화면에 얼굴이 소개되면 부모 쪽에서 자식을 알아볼 수 있을 성싶었다.

나는 출입기자들에게 입양아들의 모국 방문 사연을 흘리면서 연락을 할 테니 알아서 취재를 해보라고 넌지시 귀띔을 했다.

브라운 부총장 가족은 약속된 날 예정된 시간에 우리 대학을 찾아 왔다. 차에서 내리는 일행을 영접하면서 나의 눈은 입양아 두 자매 쪽에 꽂혔다.

중후한 인품의 브라운 씨 내외와 금발에 눈이 파란 친딸 파파리우스가 내린 뒤 이윽고 지젤과 소피아 두 양딸이 모습을 나타냈다. 치렁치렁 내린 머리, 까맣게 그을은 얼굴에 하이얀 이를 드러내 놓고 활짝 미소를 머금은 열일곱, 열여섯 살의 자매는 마치 쌍둥이 같았다. 친딸이 온실 속의 꽃이라면 두 한국인 양딸은 들판에 아무렇게나 핀 야생화 같았다.

소녀답지 않은 세련된 매너로 거침없이 악수를 청하는 그녀들의 손을 잡으며, 나는 이 세상에서 가장 아름다운 보석을 만지는 기분이었다. 영롱한 흑진주가 바로 이럴까, 사계절 따사롭다는 풍요의 땅 캘리포니아에서 자란 한국의 딸들, 너무도 대견스러웠다.

'아, 부끄럽구나!'

그들을 총장실로 안내하면서 터진 탄식이었다. 못난 우리가 내다버린 아이들을 코쟁이들이 저토록 당당하게 키워 놓았으니…. 옆에 선 브라운 씨의 키가 새삼 크게 느껴졌다.

대표단은 진일보한 상호협력 방안을 내놓아 구체적인 교류안이 쉽게 합의점에 도달할 수 있었다. 자매결연은 핑계일 거라는 우려는 기우杞憂에 불과했다. 예상보다 큰 수확을 올릴 수 있었다.

점심은 소문난 한식집을 골랐다. 메뉴는 특별 한정식. 맛깔스런 반찬들이 가지런한 점심상을 대하자 일행은 놀라는 기색이 역력했다.

입양아 자매는 서투른 젓가락질이었지만 햇나물 반찬이 구미에 당기는 모양이었다. 체질은 속이지 못하는 것일까. 버터와 치즈를 먹으며 자랐음에도 된장국, 호박무침, 미역국을 맛있게 먹었다. 교육심리학 박사인 브라운 부인의 정성 때문일까. 세 자매의 우애가 남달라 보였다.

혈육의 정이니 향수병이니 따지는 것은 한국적인 잣대에 불과했다. 입양아들의 얼굴에 구김살은 고사하고 그늘 한 점 찾아볼 수가 없었다.

식사 후 어른들끼리 차를 나누는 시간에 아이들의 친부모를 찾는 문제를 거론해 보았다. 브라운 씨는 진지한 표정이 되어 솔직히 털어놓았다.

"애들이 원하지 않는 일입니다. 버린 부모에 대한 증오심도 있고요. 아내가 애들의 심리상태를 잘 알고 있습니다. 그러나 한국 방문은 자주하도록 배려하여 모국에 대한 애정과 자부심을 갖도록 해줄 생각입니다. 학업성적도 우수하고 무슨 일이고 적극성을 보여 우리는 친딸보다 더 큰 기대를 가지고 있습니다."

내 생각이 너무 좁았다. 급히 언론사에 전화를 걸어 "취소! 취소!"를 연발하며, 일행이 다른 볼 일이 생겨 그냥 가게 되었다고 기자들 따돌리기에 급급했다.

공원을 찾은 입양아 자매는 신기한 듯 사방을 살피다가, 자신들이 버려졌다는 방범초소에 이르러서도 표정이 밝기만 했다. 천연덕스럽게 "으앙 ~"하고 우는 제스처까지 보이며 웃음을 날리는 것이었다. 15년 전 버려졌던 처절한 사연이 마치 남의 일처럼 보였다.

그 아이들이 버려지지 않았더라면 지금 어떤 모습을 하고 있을까. 여고생이 되어 학교폭력에 시달리거나 입시 준비하느라 밤잠을 설치고 있을 것인가. 집이 가난했을 터이니 학교를 중퇴하고 직업 전선에 뛰어들었다가 공장 문이 닫히기라도 했다면 거리를 방황하고 있을지도 모를 일이었다.

이 중앙공원 어딘가에 행운의 여신이 있었단 말인가.

9백 년 묵은 은행나무가 축복의 미소를 보낸 것인가. 버림을 받아 오히려 행복한 새 삶을 얻은 입양아 자매들. 그러나 혈육의 정에 연연하여 가족을 찾으려 하지 말고, 앞서가는 나라에서 자랑스러운 한국인으로 성장해 주었으면 싶다.

사무실로 돌아와, 기자들의 항의 섞인 닦달에 곤혹스러우면서도, 사랑의 힘이 빚은 쌍무지개를 보고 난 것처럼 더없이 흐뭇했다. 내 마음에 새겨진 영롱한 쌍무지개는 오래 기억에 남을 것만 같다.

포도 수확기

난생처음 포도 농사를 지어봤다.

농사일에 문외한인 내가, 전문 기술을 요하는 포도재배란 엄두도 낼 일이 못 되었지만, 살다 보니 억지로 일이 떠맡겨지는 경우도 있었다.

오래 전에 장만해 두었던 자그마한 포도밭을 그동안 경작해 오던 사람이 갑자기 손을 떼게 되자, 맡길 만한 사람 구하기가 쉽지 않았다. 더구나 그 일대가 택지개발지구로 수용되어 올 농사가 마지막이고 보니 수확은 둘째 치고 과수나무의 온전한 보존이 문제였다. 직접 달려들 수밖에 없는 노릇이었다.

일손이라곤 아내와 나뿐이었지만, 마침 이웃 밭 주인이 자기네가 하는 대로 따라하면 된다는 말에 용기를 얻었다. 설마 하니 한 해를 못 버티겠는가 싶었다.

이른 봄 어느 주말, 이웃 농부의 독려 전화를 받은 우리 내외는 아침 일찍 포도밭으로 나갔다. 우선 옆 밭에서 일하는 방법을 대충 헤아리고 시작해 보니, 생각보다 작업 조건이 여간 까다롭지가 않았다. 포도넝쿨을 올린 철사 틀이 너무 얕아서 허리를 잔뜩 구부리고 반쯤 기어다녀야 하므로 무척 힘이 들었고, 낡은 시멘트 기둥이 흔들거려 자칫 무너져 내릴 위험도 있었다. 게다가 지난 수확 때 가지치기를 제대로 하지 않아 일이 두 배는 되었다.

남한테만 맡기고 관리를 제대로 안 한 탓이라고 아내가 면박을 해도 할 말이 없었다. 해마다 가을철에 포도 두어 상자 받으면서 밭 한 번 제대로 살피지 못했던 것을 후회해 본들 무슨 소용이 있으랴.

요령도 없이 서투른 가위질로 전지 작업을 하다 보니 힘이 곱으로 들었다. 얼굴에서 땀방울이 송글송글 돋아났다.

자르기도 힘들었지만 뻣뻣하게 굳은 가지들을 단으로 묶어서 버리는 일도 만만치가 않았다. 억지춘향으로 일을 하다 보니 공연스레 화가 치밀었다. '뭐 전설이 주절이 주절이 열려? 먼데 하늘이 알알이 박혀?' 애송하던 육사陸史의 시구가 원망스러웠다. 땀방울이 열리는 건지, 손바닥에 못이 박히는 건지 힘을 준 가위가 뚝 부러진다. 벌써 세 개째다.

안 쓰던 근육을 쓴 탓인지 아프지 않은 곳이 없었다. 하루 일하고 일주일 내내 끙끙 앓았다. 그러나 어쩌랴. 다음 일요일에도 포도밭으로 나갔다. 전지를 끝내고 밑바닥에 깔린 마른 낙엽들을 긁어모아 치우는 작업에서 우리는 완전히 기진맥진하여 지쳐버리고 말았다.

포도고 보상이고 간에 이러다 사람 잡겠다 싶었다. '될 대로 되라지 뭐. 설마 포도나무가 죽기야 할라구….' 아내도 일꾼을 사서 하든 말든 더는 못 하겠다고 손을 내저었다.

사람의 마음이 그런 것일까. 전지 작업만 한 뒤 한동안 발길을 끊다 보니 슬그머니 궁금한 생각이 드는 것이 아닌가. 한 달 만에 밭으로 나간 우리 내외 입에서 탄성이 절로 흘러 나왔다. 참으로 오묘한 자연의 조화가 펼쳐지고 있었다. 녹슨 철사줄에 죽은 듯 매달려 있던 포도나무 가지에서 파릇한 새순이 돋아나와 하늘로 치솟을 듯 힘차게 뻗어 가고 있지 않은가. 함초롬히 이슬을 머금은 잎사귀들이 주인을 알아보듯 나풀거렸다.

포도나무는 끈질긴 생명력을 가지고 있어 손이 닿는 곳이면 어디고 뻗어 올라갔다. 사흘이 멀다 하고 잘라내도 새순들이 끝없이 돋아났다.

마침 일손이 생겼다. 아침마다 등산을 함께하는 친구 내외에게 '도와주면 수확의 반을 주겠다.'고 던진 농담 한마디가 일꾼을 구하게 했다. 일주일에 하루의 등산을 거르고 함께 밭으로 나가고 보니 일이 한층 수월해졌다. 어떤 때는 일을 하는 것이 아니라 콧노래 경연장이 되기도 했다.

유월에 접어들어 꽃 솎기를 하는데 혼선이 빚어졌다. 두 가닥 꽃송이 중 한 가닥을 잘라야 한다는 사람과 그대로 두었다 알 솎기를 해야 한다는 엇갈린 주장이 나왔다. 어느 방법을 택할지 몰라 책방을 찾아 영농지침서 ≪포도, 심기부터 판매까지≫를 골랐다.

단숨에 독파했으나 이건 도움은커녕 머리만 더 복잡해졌다. 마치 바둑 둘 때 정석에 관한 책을 보고 실전에 임하면 더 안 보이는 그런 격이었다. 눈썰미 좋은 친구 부인의 말을 따라 한 가닥을 잘라내기로 했다.

순자르기와 꽃 솎기에 속도가 붙었다. 그런데 고민거리가 생겼다. 농약을 살포해야 하는데 친구 내외가 무공해로 길러 보자고 나왔다. 처음 나는 이 말에 동의했지만 옆 밭 사람이 그러다가 나무까지 죽인다고 겁을 주는 바람에 끝내 분무기를 들고 말았다. 봉지 씌우기가 시작되었다. 처음 1천3백 장을 구입했지만 턱없이 모자랐다. 작업이 중단되기도 했다. 그 사이 포도 알이 굵어져 봉지 씌우기에 애를 먹었다. 농사하는 재미가 느껴졌다.

날씨가 가문 탓인지 큰 병은 걸리지 않았다. 모든 게 잘 넘어가나 싶었는데 마지막 단계에서 또 문제가 생겼다. 땅에 난 잡초를 대충 뽑아 주다가 장맛비가 그친 후 나가 보니 도대체 포도밭인지 풀밭인지를 분간할 수가 없게 되었다. 깨끗한 옆 밭과 너무도 대조되어 민망했다.

낫을 몇 자루 사가지고 풀베기 작업을 시작했다. 한여름 날의 풀베기는 지독한 고역이었다. 땅바닥이 후끈거려 숨쉬기조차 거북스러웠다. 하루 풀베기 작업을 하고 난 친구 내외는 완전히 지쳐 더 이상 못하겠다고 두 손을 내저었다. 아내와 둘이서 땀을 비 오듯 흘리며 나머지 풀을 모두 깎아 내고 제초제를 살포했다.

하루가 다르게 커가는 포도송이와 함께 우리들의 포도에 대한 애정도 점점 깊어만 갔다. 당초 포도나무를 보상금으로만 생각했었으나 생명체에 정성을 쏟다 보니 나도 모르게 애착이 생겨 손이 자주 갔다. 농심農心이 이런 것일까.

커진 포도 알이 미는 힘 때문에 봉지가 터지기도 했다. 그 틈으로 검붉게 채색되어가는 알갱이들이 보였다. 퇴근 후면 밭으로 달려갔다. 진초록 잎과 흰 봉지들이 마치 푸른 바다 위에 무수한 돛단배가 밀려오는 듯 보였다.

수확 날짜를 헤아릴 무렵 야속한 장맛비가 내렸다. 밭 어귀를 서성이며 라이나 마리아 릴케의 시심詩心을 헤아려 보았다. "이틀만 더 남국의 햇볕을 주시어/ 그들을 완성시켜 마지막 단맛이 / 짙은 포도주 속에 스미게 하십시오." 나의 기도문이 되었다.

8월이 저무는 어느 날, 포도 한 송이를 따 입에 넣어보았다. 새콤한 맛이 감미롭게 입 안을 적셨다. 내가 직접 지었기 때문일까. 어떤 과일과도 견줄 수 없는 단맛이 느껴졌다.

낯선 사람이 찾아와 밭떼기로 넘기지 않겠느냐고 물어왔으나 단호하게 고개를 저었다. 나의 땀과 정성이 담긴 포도송이들은 상품이 아니었다. 마음을 전하듯 이웃과 친구들에게 그냥 나누어 주고 싶었다.

9월 첫 일요일, 가까운 친구와 이웃들을 밭으로 불러냈다. 일을 같이한 친구 몫으로 반을 주었으나 반에 반만 달라며 웃었다. 하긴 나누나 마나였다. 어차피 가까운 벗들에게 나누어 줄 공유물이었으므로.

포도 잔치가 벌어졌다. 맛이 좋다고 모두들 한목소리를 냈다. 이날 자기가 딴 포도는 몽땅 가져가게 했다. 값으로 치면 기만 원에 불과할 포도 몇 박스를 모두들 값진 보물인 양 안고 갔다. 밭으로 나오지 못한 친구에게도 맛을 볼 수 있도록 나누어 주었으나 빠진 사람이 많았다.

이윽고 포도나무들은 하얀 봉지옷을 벗고 빈손으로 돌아갔다. 이번 농사는 2천여 송이라는 물량적 수확보다 노동의 신성함을 깨닫게 해 준 무형의 정신적 수확이 더 컸다.

난생처음 손에 넣은 영농일지 한 권이 포도보다도 더 감미로운 부부 사랑의 표상으로 남겨졌다.

만년필

나는 만년필 세대이다. 학창 시절부터 오늘에 이르기까지 나의 생각을 거침없이 토해 내 준 무언의 입이요, 변함없는 동반자이다.

과학이 발달하여 복제 인간까지 운위되고 있는 요즈음이지만 만년필 이상의 필기 도구는 나오지 않았는데도 사람들 손에서 멀어져 가고 있다. 번거로운 일을 싫어하는 현대인들의 편의주의적 속성 때문이리라.

그동안 볼펜이 나오고 사인펜 플러스펜 등 간편한 일회용 필기 도구들이 많이 나왔지만 나는 오직 만년필만 고집하고 있다. 직장에서는 물론 은행에 가서도, 동사무소에 가서도 그 흔한 볼펜 한번 만져보는 일이 없다. 내겐 별도의 서명이 필요치 않다. 그 누구도 흉내 낼 수 없는 독특한 글씨체 자체가 내 사인이다. 사람의 외모와 성격은 그 사람의 글씨체와 연관이 있다는 얘기가 맞는 듯하다. 내 글씨는 얼굴 모양대로 동글동글하다. 키가 훤칠한 사람의 글씨는 길쭉하다.

컴퓨터는 현대인의 필수품이기는 하나 이상하게도 자판을 치다 보면 머릿속에 가다듬었던 글귀들이 다 도망쳐버리고 만다. 요긴하게 활용하면서도 초고草稿 쓰는 일만큼은 워드로 되지 않는다. 내 손으로 직접 써야 직성이 풀린다.

만년필을 처음 대면하던 날의 에피소드가 있다. 초등학교 5학년 시절, 초여름날 집 앞에서였다. 행인이 양복 상의를 벗어 팔에 걸치고 가다가 무엇인가를 떨어뜨리기에 풀섶을 뒤져 찾고 보니 처음 보는 이상한 물건이었다. 생각해 볼 겨를도 없이 다리께를 넘어선 신사를 뒤쫓아가 되돌려 주었다. 신사분은 고맙다고 인사를 차린 뒤 총총히 길을 재촉했다. 그 때 처음 본 물건이 만년필이란 것은 나중에야 알게 되었지만 돌려준 것이 후회스럽도록 오래 잊혀지지 않았다.

내 손에 한번 잡힌 만년필은 나의 글씨 스타일에, 익숙해져 굵은 글씨를 토해내게 마련이다. 처음엔 고장도 잘 나고 펜의 감촉도 매끄럽지 못했으나 파카 만년필의 기능과 디자인이 날로 좋아지게 되자 필기하는 즐거움 또한 한층 높아져 갔다.

그러나 사소한 부주의로 인해 몸의 일부처럼 아끼던 애용지물을 분실하는 날엔, 한동안 마음이 잡히지 않아 정서불안을 느끼던 생각이 난다. 그 가운데 아내로부터 결혼예물로 받아

10년도 넘게 애용하던 파카 51을 도둑맞았을 때의 아픔은 지금껏 생생하다.

서울 이모부 장례 때, 밤샘을 하다가 새벽녘이 되어서야 잠시 눈을 붙인다고 찾아간 여관방에 도둑이 들었다. 선잠에서 기척을 느끼고 눈을 떴을 때, 애송이 두 놈이 양복 상의를 만지다 달아났다. 황급히 안주머니를 만져보니 만년필이 없어졌다.

"도둑야! 도둑 잡아라!"

도망치는 놈들을 뒤쫓으며,

"만년필 놓고 가라! 값도 안 나가는 물건이다. 놓고 가라!"

연방 악을 써댔으나 10대 도둑 두 놈을 따라잡기에는 역부족이었다.

"야 이놈들아! 놓고 가!"

나의 고함은 애원조로 변했지만 놈들은 골목 안으로 사라져버렸다. 그때서야 내가 팬티 하나만을 걸친 맨발 차림인 것을 느꼈다. 도둑맞은 만년필 생각에 눈물이 핑 돌았다.

집으로 돌아와 도둑맞은 얘기를 털어 놓자 아내는 "다된 물건 가지고 뭘 그래요. 그렇지 않아도 새로 살려고 했던 건데." 하면서 가볍게 받아주었다. 이튿날 퇴근해 보니 파카61이 책상에 놓여 있었다. 그 후에도 내 손에는 꽤 많은 만년필이 거쳐갔지만 결혼예물로 받았던 파카51만은 잊을 수가 없다.

지금 내 책상 가운데 서랍에는 현역에서 은퇴한 만년필들이 가지런히 놓여 있다. 내 손때가 묻은 물건 하나마다 사연이 간직되어 있다. 20대 때 불조심 표어 당선상품으로 받았던 청색 파카41은 아이러니하게도 촛불에 그을린 자국이 남아 있다. 시골집에 전기가 들어오기 전에 사용하던 것이다. 뚜껑이 깨져 버린 검정색은 군에서 제대할 때 스쳐간 여인의 뜻 모를 미소가 서려있고, 덩치 큰 몽블랑은 연설문 잘 써준 보답으로 어느 정치인이 쓰던 중고품을 넘겨 받았던 것이다. 화방을 경영하던 선배가 준 옛날 것도 몇 개 된다.

지난 연초 백양사 등단 축하 모임에 갔을 때, 나는 만년필 너덧 개를 선물받았다. 가족과 직장 동료, 후배들의 축하선물이었다. 지금 이 만년필들을 내 활동 반경 내에 놓고 편리하게 쓰고 있지만 남들이 보는 시선이 따갑게 느껴질 때도 있다.

요즈음 시내 번화가에 그 흔했던 만년필상회도 찾아볼 길이 없고 큰 백화점에도 잘 눈에 띄지 않는다. 어쩌다 고장이 나도 수선할 길이 없다. 컴퓨터 발달로 신세대들에게 필기도구가 아예 필요 없을 정도로 돼 버렸다.

이제 필기하는 즐거움은 번거로운 노동으로 바뀌어 버렸다. 공부 열심히 잘하라는 격려의 뜻으로 선물하던 만년필, 오래도록 변치 말라는 사랑의 징표로 주고받던 물건이 구시대적 유물로 사라져 가고 있다. 잊혀져가는 만년필처럼 만년필세대 또한 한 구석으로 밀려나고 있는 것은 아닐까.

임진강변 사모곡

서울에 살던 둘째 여동생네가 일산 신도시로 이사를 갔다. 한번 가봐야겠다고 벼르면서도 좀처럼 짬을 못 내다가, 지난 여름 서울 출장길에 하룻밤의 말미를 냈다.

솔직히 동생네 이사 소식을 처음 들었을 때 서운한 생각이 앞섰던 게 사실이다. 한 발짝이라도 친정 가까이 오려고 하기는커녕 왜 더 멀리 떨어져 살려고 한단 말인가. 서울 남쪽에도 신도시가 있지 않은가 싶었다.

조카녀석이 차를 가지고 나왔다. 한강 변을 잘도 달린다 싶더니 어느새 시원하게 뚫린 자유로다. 차들이 속력을 내고 있었다. 드라이브를 즐기는 젊은 남녀들이 많은 듯했다.

파주와 문산 표지판이 스치더니 임진강 표지판도 보였다. 문득 휴전선 가까이로 가고 있다는 생각이 들자, 흘러간 세월

자락 깊숙이 감추어져 있던 군 복무시절이 떠올랐다. 40년 전 일인데도 임진강을 떠올리는 순간 너무도 선연한 모습으로 다가서는 졸병수첩이었다. 거기 함께 묻어오는 빛 바랜 사진 속의 미소가 있었다.

4·19 다음해 군에 입대했던 나는 그 해 여름 임진강변에 있었다. 우편엽서를 2백 장이나 사들고 간 파주군 적성면 마지리 병영에서, 친구들에게 기활 좋게 소식을 전했다.

최전방부대 빵빵군번(학보병) 이등병 주제에 밤마다 몰래 쓰는 엽서 사연에는 '피서'니 '여행' 운운하며 여유로운 척했다. 그 때의 군 생활은 시설이나 보급도 엉망이었고 연일 훈련이다 출동이다 하여 하루하루가 고된 나날이었다.

이 무렵 고향으로 띄운 편지 한 구절이 뜻밖의 사건을 일으키고 말았다. 함께 입대하여 같은 부대에 떨어진 친구녀석이 집으로 띄운 엽서에, '영수가 부대 의무실에 입실해서 치료를 받고 있다.'고 한마디 덧붙여 보낸 사연이, 우리 집에는 '영수가 큰 부상을 입고 군병원에 입원해 있다.'로 부풀려 전해져, 평지풍파를 일으킨 것이다. 가뜩이나 최전방에 보낸 아들 소식이 궁금할 수 밖에 없는 부대 배치 직후라, 입원 소식은 충격적일 수밖에 없는 일이었다. 그 때 허벅지에 난 종기가 덧나 며칠 동안 대대 의무실에 머물며 치료를 받았는데 '의무실'이 '병원'으로. '입실'이 '입원'으로 확대해석이 되어버린 것이다.

처음에는 아버지와 동생들만 알고 쉬쉬하며 대책을 상의하는 중에 푼수끼 많은 옆집 아주머니가 일을 그르쳤다. 그녀는 아들 부상소식을 모른 채, 밭에서 일을 하고 계신 어머니가 안쓰러워 보였던지 실토를 해버렸다.

"어떡한대유. 군대 간 아들이 다리를 크게 다쳤다면서유?"

용수철처럼 일어서는 어머니에게 인정 많은 아주머니가 한마디 덧붙인 말,

"그 아들이 워떤 아들이여. 하늘 같은 10대 독자 외아들이 아닌가배유."

놀라 입을 다물지도 못하는 어머니가 안됐다는 듯 혀를 차면서, "쯧쯧 불쌍도 해라. 어머니한테만 감쪽같이 속이구 있다니 워디 그런 법이 있어!"

그 뒤에 어떤 일이 일어났느냐는 불문가지不問可知이다.

가뜩이나 성격이 불같으신 어머니께서, 목숨처럼 여기는 아들의 입원 소식에 까무러치지 않은 것만도 다행스러운 일이었다.

그날 밤, 서울로 올라온 어머니는 친척 집에서 눈물로 날을 밝히시고, 삼엄하기 그지없던 최전방 임진강변까지의 험난한 길을 한달음에 달려오셨던 것이다. 시골 아낙이 달랑 부대주소만 들고 어떻게 찾아오셨을까. 아들을 걱정하는 지극한 모정母情이 신비로운 힘이 되었을까.

하루의 일과를 마치고 군가를 부르며 부대로 들어가는 정문

앞에, 어떤 아주머니 한 분이 서 있었다. 그 분이 어머니라는 것은 대열 안으로 들어와 나를 붙잡으실 때에야 알았다. 그런데 와락 끌어안으며 다리를 매만지다 눈물을 흘리시는 어머니가 반가운 마음에 앞서 왠지 창피스럽다는 생각이 들었다. 큰 부상을 입기나 한 것처럼 대열까지 뛰어드신 것이 지나친 과보호라는 속 좁은 생각에 어머니를 힘껏 포옹해드리지 못한 그 날의 내 행동, 지금껏 후회스럽다.

하룻밤의 외박을 허가받은 나는, 어머니를 부대 앞 조그만 한 여인숙에 모셨다. 어머니께서는 종일 굶으시다 아들이 무사함을 확인하고 나서야 배가 고프시다며 저녁을 맛있게 드셨다. 그 허름한 여인숙에서 내 잠자리를 지켜보시던 화안한 미소, 40년이 지난 오늘에도 용기를 북돋아 주는 이상한 힘이 되고 있다. 편지 사건이 어머니의 깊은 사랑을 느끼게 한 사모곡思母曲을 만든 것이다.

차창 밖으로 호수가 스치더니 이윽고 신도시가 펼쳐졌다. 서울을 떠난 지 1시간 가까이 되었는데도 오래 걸렸다는 생각이 들지 않았다. 드라이브하듯이 시원스레 달려왔기 때문인가 보다. 일산은 새로 만든 주거공간답게 쾌적한 분위기였고, 동생네 아파트는 내 집처럼 편안했다. 이곳까지 이사를 온 이유를 알 듯했다. 하지만 내 마음은 이미 딴 곳에 가 있었다.

어머니를 빼다 닮은 둘째 동생이 친정 오라비 방문에 신명이 나 있었으나, 내 마음은 어머니와 함께 묵었던 임진강변으로 달려가 있었다.

이튿날 새벽, 나는 동생네 집을 빠져 나와 어머니의 체취를 찾는 추억 여행길에 올랐다. 택시를 잡아타고 적성면 마지리 행을 서둘렀다. 기사는 말 한마디 없는 내가 의심스러운 듯 백미러로 보내는 눈초리가 따갑게 느껴졌지만 아랑곳하지 않았다. 문산 시가지를 빠져 나오자 파평 표지판이 보였다. 영국군 전적비가 스쳤다. 그 뒤로 치솟은 산, 군대 시절 탄약고 파견근무를 했던 산인 듯싶게 낯이 익었다. 밤에 보초를 설 때면 문산 시가지의 불빛이 먼 하늘에서 반짝이던 기억이 났다.

기사가 어디쯤 차를 대느냐고 물어왔다. '마지리 부대 입구'라 하자 모른다며 고개를 저었다. 그냥 가 보자 했다. 설사 변하지 않았던들 옛날 잠시 머물렀던 부대 앞을 기억해 낼 수 없는 노릇이지만, 어쩐지 부딪쳐 보고 싶었다. 읍내 장터 같은 네거리가 나왔다. 마지리 1구란 표지가 있는 북쪽으로 탁 트인 도로를 보자 무언가 집히는 게 있었다.

"왼쪽으로!"

택시가 좌회전을 하는 순간, 멀리 임진강의 물빛이 시야에 어른거렸다.

"맞아, 이 길이다!"

택시에서 내렸다. 가게 앞에 앉아 있는 노인을 붙잡고 물었다. 저 앞에 부대가 있었지 않았느냐고.

"맞아요. 부대가 있었더랬죠. 헌데 옛날에 이사 간 거라요. 침수지역이 돼설랑요."

병영 자리는 돈사豚舍로 변해 있었다. 옛날의 흔적은 남아 있지도 않았다.

어머니와 하룻밤을 지냈던 그 여인숙을 찾아보기로 했다. 아무것도 기억나는 것은 없었지만, 어머니와의 추억이 간절한 곳이기에 찾을 수도 있을 것만 같았다. 어려울 것 같던 일이 쉽게 풀렸다. 옛 여인숙을 첫눈에 알아보지 못한 것은 행길 쪽으로 건물을 증축한 때문이었다. 처음엔 머뭇거렸으나 안으로 들어가 보니 틀림없는 그 집이었다. 길손여인숙. 옛날에 있던 방 세 칸이 고색창연한 빛을 띠고 나를 반겼다. 중풍으로 거동이 불편한 주인 할머니는 옛날 아낙인 듯도 하고 아닌 듯도 싶었다.

40년 전에 저 방에서 어머님과 하룻밤을 묵고 간 사람임을 밝히고 싶었으나 그만두었다. 방문을 열어 보니 퀴퀴한 냄새가 코를 찔렀다. 주인 할머니에게 담배 한 갑을 건넸다. 어머니가 잠이 안 온다며 담배 한 개비를 얻어 피우시던 기억이 나서였다. 여인숙을 찾아낸 것이 마치 어머니의 손때 묻은 유품을 발견한 듯싶었다. 생각 밖의 큰 수확이었다.

신시가지로 변해 버린 마지리 중앙로를 빠져 나와 양평집이라는 이름의 해장국집으로 들어섰다.

선짓국 한 그릇을 놓고 잠시 생각에 잠겨 있는데 어디서 "어머니!" 하고 부르는 외마디소리가 들렸다. 마침 그날이 수요일, TV에서 30여 년 만에 상봉한 어머니와 아들이 부둥켜안는 장면이 나오고 있었다. 순간 내 눈에서 알 수 없는 눈물이 선짓국 위로 뚝뚝 떨어져 내렸다. 희뿌연한 눈앞에 그러나 너무도 뚜렷이 떠오르는 얼굴이 있었다.

수필산을 오르며

인생을 등산에 견준다면 나는 지금 산꼭대기까지 올라갔다가 하산을 준비하고 있는 나이가 아닐까 싶다. 한 직장에 몸을 담아 온 사람에게 있어 정상頂上은 바로 정년퇴임의 날이리라.

사람은 그 능력과 역량에 따라 올라갈 산을 택한다고 한다면 내가 오른 산은 어떤 산일까. 마음으로는 꽤나 높은 산을 목표로 삼았는데 오르고 보니 야트막한 산이었다. 그러므로 내려가는 길은 평탄할 듯하다.

한 사람이 세상에 나와 등산할 수 있는 준비를 해가지고 산을 오르기 시작했다면, 높은 산을 올라갔던 사람은 그만큼 성취의 기쁨이 크고, 배낭에 담은 열매가 풍성할 수 있으나, 평지까지 내려오는 데 어려움이 있을 수도 있다. 어떤 경우에는 분에 넘치는 높은 산을 택해 문제가 되기도 하고, 정상에 너무 오래 머물고 있다가 일을 그르치기도 한다.

그러므로 사람은 올라갈 때 내려갈 걱정을 해야 하고, 체력의 안배도 고려해야 한다. 그래서 산은 오를 때보다 내려갈 때가 더 위험하다는 얘기도 있다.

그런데 인생의 한 작은 봉우리에 올라 땀을 씻고 있던 내가, 하산길 바로 옆에 있는 또 다른 산봉우리를 발견하고 홀딱 반해 버렸으니, 그냥 외면하고 내려갈 수 없는 일이었다.

그 산은 너무도 아름답고 넉넉한 품을 가지고 있다. 온갖 꽃들이 다투어 웃으며 손짓했다. 체력이 걱정스러웠지만 오르지 않고는 못 배길 만큼 매력적인 산이었다. 나도 모르게 그쪽으로 내 몸이 빨려 들어갔다. 눈앞에 신천지가 펼쳐졌다. 바로 수필이라는 이름의 산이다.

난생처음 생각지도 않던 포도재배에 뛰어들어 푸짐한 수확을 거뒀던 그 해 가을, 수필이라는 또 하나의 산에 도전했다. 〈포도 수확기〉로 문단에 명함을 내민 것이다.

… 이번 포도 농사로 30년 묵은 빚을 갚게 된 기분입니다. 그동안 잡초가 무성한 나의 글밭에 제초작업을 서두르겠습니다. 내 마음 깊은 곳에 묻어 두었던 시심을 살려 가장 먼 길을 돌아 문단에 노크한 메마른 심령에 불을 당기겠습니다. 햇볕을 오래 쬐어 단맛이 듬뿍 들었을 듯도 싶습니다.

'진실로 하고 싶은 말을 그리지 않고서는 못 배겨 쓰는 작업이 수필'이라고 할진대, 내가 뒤늦게 발견한 이 산은 '진실로 오르지 않고서는 못 배겨 오르는 산' 즉 '수필산'으로 부르고 싶다.

수필산은 청년기를 지나면서 잠시 넘보던 산이다. 그동안 까맣게 잊고 지내던 고향 같은 산이라고 할까. 때는 늦었지만 늦었다고 생각될 때가 기회란 말을 떠올리면서 발길을 옮겼다. 포도가 익을수록 단맛이 더 드는 것처럼 나의 뒤늦은 수필산 오르기에는 단맛이 물씬 풍길 법도 하다. 올라가다 말고 내려오는 한이 있어도 내게 있어 올라갈 수밖에 없는 산이 아닐 수 없다.

수필산에 핀 꽃은 꽃이 아니라 사람이었다. 그 냄새가 독특한 향내로 풍겨왔다. 수많은 사람꽃에 묻히고 보니 나도 꽃이 되었다. 느지막하게 오르는 수필산에는 암벽등반이나 암릉구간도 없다. 손에 잡힐 듯한 산이면서도 다가갈수록 산꼭대기는 저만치 있다. 한 굽이 돌아가면 하늘 뜨락 보일까. 느릿느릿 그러나 뚜벅뚜벅 올라가리라.

물 쓰듯, 아껴 쓴다

“원수는 외나무다리에서 만난다.”는 속담은 미상불 ‘원수는 합승택시 안에서 만난다.’로 고쳐야 할 것 같다. 외나무다리 건널 일이 없는 요즘 세상이니 말이다.

‘물 쓰듯 펑펑 쓴다.’는 말은 어떨까. 옛날 물 걱정 없는 시절에야 맞았겠지만 절수節水가 세계적 당면 과제가 된 오늘날에는 오히려 거꾸로 ‘물 쓰듯… 아껴 쓴다.’로 바꿔 써야 맞지 않겠는가.

지난달 유럽여행을 다녀왔다. 그런데 먹는 물 때문에 적지 않은 고초를 겪고 보니 남의 나라에 가서 물의 귀중함을 새삼 깨달은 셈이 되었다. ‘여행은 가슴이 떨릴 때 가야지 다리가 떨리면 못 간다.’는 어느 친구의 우스갯소리에 정신이 번쩍 들어 찾아간 유럽, 거기엔 가슴이 마구 떨리는 진한 감동이 기다리고 있었지만 뜻밖에 복병도 있었다.

이른 아침부터 강행군을 하며 살펴본 여섯 나라의 찬란한 문화 유적과 오묘한 자연 경관은 나의 입에서 감탄사를 연발케 했다. 그러나 물 때문에 고생 아닌 고생을 겪으면서 그네들이 결코 부러움의 대상만이 아니란 걸 알았다. 물에 대한 새로운 체험은 첫 기착지인 런던의 한 호텔에서부터 시작되었다. 여행사 직원의 주의사항 전달 첫째 항목이 유럽에서는 식당에서조차 물을 사먹어야 하므로 따로 돈을 준비하라는 거였다. 우리 일행은 강력히 항의하고 나섰지만, 결국은 국제매너가 부족한 사람들이라는 핀잔(?)을 들으며 물값 추렴을 하지 않을 수 없었다.

먹는 물값이 금값이었다. 냉장고조차 없던 파리의 한 호텔에서 한 밤중에 갈증을 못 이겨 한 병에 5불을 주고 사서 마셨다. 배가 아팠다.

로마 시티투어 때는 뙤약볕 아래 걸어서 돌아다니다가 너무도 갈증이 나 마구 목을 축인 부주의 끝에 그날 밤 자다 말고 구라파 전쟁을 치러야만 했다. 물 때문에 병까지 났고 그나마 구급약을 준비해 간 것이 불행 중 다행이었다.

여름철에 유별나게 땀을 많이 흘려, 잠시도 물과 떨어져 살 수가 없는 체질을 가진 나로서, 물 먹는 일이 자유롭지 못한 유럽 여정은 고통일 수밖에 없었다.

돌아오는 비행기 안에서 생각해보니 물 마시는 일은 불편하지만 문화 유산과 관광 자원이 풍요로운 나라에 살기보다는 비록 천혜의 관광 자원은 적다 하더라도, 마음 놓고 물을 마실 수 있는 그런 나라에서 사는 것이 단연 행복할 것 같았다. 그리고 아직은 먹는 물이 자유로운 우리나라가 살기 좋은 나라임을 새삼 느꼈다.

오늘날 지구촌의 물 사정이 점점 나빠져 가고 있고, 우리나라도 이제 물 부족 국가로 분류되고 있다고 한다. 실제로 내가 매일 아침 올라가는 우암산을 보더라도 여기저기 샘솟던 물이 줄어들고, 심각한 물 오염 현상까지 보이고 있음을 실감할 수가 있다. 10년 전만 해도 계곡마다 먹을 수 있는 옹달샘이 널려 있었으나 요즈음에는 찾아보기 힘들게 됐다.

이제 몇 년 안에 부닥칠 물 기근 현상을 대비하기 위해서는 정부 차원의 다각적인 대비책도 중요하지만, 세계적인 물 과소비 국가 대열로 떨어지게 한 우리들의 물에 대한 인식을 바꾸는 일이 더 중요한 과제라 생각된다.

이제 '물 쓰듯 펑펑 쓴다.'라는 우리네 사고방식은 '물 쓰듯, 아껴 쓴다.'로 고쳐져야 한다. 그래서 물 절약이 이 시대 새로운 덕목으로 자리매김되어야 할 일이다.

위胃의 시대와 청주

대한민국 국토 한가운데를 뜻하는 '배꼽' 자리가 어디냐를 놓고 3개 시 · 군 간에 기氣싸움이 벌어졌다. 어떤 고을에서는 배꼽마을까지 만들고 100억 원대 테마공원까지 조성한다는 소식도 들린다. 지역민의 자긍심을 높이고자 하는 정체성 확보 논쟁 같다.

여기에 한 술 더 떠서 한반도를 인체에 견줄 때 '위胃'에 해당되는 지역이 어디냐, 한다면 나는 단연코 '충청북도'라고 주장하고 싶다. 지정학적으로도, 역사문화적으로도 그렇다.

왜냐? 아득한 옛날 충북은 삼국三國의 접점 지역에 위치하여 고구려 · 백제 · 신라의 각축장이 되었을 때부터, 세 나라의 문화적 요소들이 흘러들어와 공존하면서, 융합 · 통합 · 조화의 중원문화中原文化를 형성하였기 때문이고, 그 중심축에 충북의

수부首府인 청주가 있는 것이다.

이후 동서 · 남북 문화 교류의 요충지로서 여러 이질문화를 절충 · 조화시키는 포용력과 관용성을 나타내 왔다. 이러한 정체성은 청풍명월의 풍월風月로 일컬어지는 '멋과 풍류를 즐기는 양반 · 선비적 기질'이라고 할 수 있는데, 이를 알기 쉽게 비유한다면 사람의 신체부위 중 위胃 즉, 밥통에 해당된다고 볼 수 있지 않을까? 즉 '나와 다른 체계를 끊임없이 통합해서 새롭게 창조해내는 문화'가 청주문화의 동인動因이라는 얘기다.

지난 세기 산업시대를 눈과 귀의 시대였다고 한다면, 21세기는 나와 다른 문화를 내 세포 안에 끌어들여서 내 조직으로 만드는 '위의 시대'가 될 것이라는 미래학자들의 주장도 있고 보면, 우리 고장이 21세기에는 한국문화의 중심축에 설 수 있다는 희망찬 전망도 할 수 있다.

이러한 맥락에서 호남고속철도 오송 분기역과 행복도시(행정중심복합도시) 건설은 청주의 신새벽을 여는 청신호이다. 삼국을 통일한 신라가 685년, 청주를 '작은 서울西原小京'로 명명했던 그 융성기가 1천3백여 년 만에 부활을 노래로 울려 퍼지고 있음이 아니랴.

청주 장성동 남쪽에 있는 '무너미고개로 물이 넘는 날 청주에 새 세상이 열릴 것'이란 예언은 현실과 맞아 떨어지고 있다. 대청댐 물이 송수관을 통해 무너미고개를 넘었고 비상리飛上

里, 비하리飛下里 사이에 청주공항이 들어섰다. 청주의 지평이 전세계로 활달하게 트인 위에 대한민국 중앙역과 행정도시가 탄생할 10여 년 후를 내다보면 그 위상이 어떻게 정립될지 짐작하고도 남음이 있다.

그러나 7세기 후반 성城을 거느렸던 고대도시 서원경西原京이 정치도시가 아닌 문화 · 교육도시로 커나갔던 역사적 사실을 유념해야 하고, 여러 이질문화가 융합되어 공존해 왔다 하더라도 충북만의, 청주만의 독특한 빛을 찾아내야 함을 깊이 인식해야 한다.

이제 21세기 한반도 중부권의 중심축에 설 청주는 행정도시와 국토중앙역을 아우르는 교육 · 문화의 도시로 거듭나야 한다. 1천 년 전에 세워진 용두사지 무쇠돛대(철당간)의 명문銘文에 새겨진 교육의 고장 그 명예와, 세계 최고最古 금속활자인쇄본인 '직지直指'의 창조정신이 이를 뒷받침해 줄 것이다.

역사의 전면에 나서게 될 운명을 두려워 말자. 융합 · 통합 · 조화의 정체성을 드높여, 대한민국 문화 소통의 중심 충청북도 청주를 만들어 가야 할 때다.

땅 한 평, 책 한 권

제3한강교 공사가 한창이던 무렵, 말죽거리를 가 본 일이 있다. 그 곳에서 어쩌면 인생의 진로가 바뀔지도 모르는 유혹의 눈길과 마주쳤으나 나는 이를 외면해 버렸다.

책을 구하러 올라간 길에 외사촌 형에게 전화를 건 것이 단초가 됐다.

"서울역 앞이라구? 두말 말고 화신 뒤로 와. 점심이나 같이 하자구."

한일관 갈비탕 맛을 보여준 형은 불문곡직 차에다 나를 밀어 넣었다. 한강 바람이나 쐬러 가자는 거였다.

고향에서 농사를 짓다가 맨주먹으로 서울 바닥에 뛰어들었던 형은, 한 밑천 잡았다는 소문대로 혈색이 좋아 보였다. 말씨조차 서울 사람이 다 된 듯했다. 사공이 노를 젓는 작은 배로

강을 건넜다. 막바지 공사가 한창인 제3한강교의 위용이 먼발치에 보였다. 배에서 내린 여남은 사람들은 하나같이 점퍼 차림의 중년남자들이었다.

갈대밭에 늦가을 햇살이 따사로웠다.

습지를 벗어나자 뽕나무, 포도, 복숭아밭이 농촌 풍경 그대로였다. 언덕 하나를 넘었나 싶었는데 별천지가 나타났다. 우마차 길 양 옆으로 하꼬방 집들이 다닥다닥 붙어서 시장통을 이루고 있었다. 마치 전란戰亂 중에 본 피난민촌을 연상케 했다. 복덕방들이었다.

형은 이곳에 임야林野를 사 놓았다는 사실을 복덕방 거리를 들어설 때야 털어놓았다. 땅값이 춤을 추고 있다고 했다. 뱃심좋게 3년 상환 조건으로 국유림 3만 평을 불하받았으나 2년차 상환금 마련이 여의치 않아 되팔려고 내놓고 있는 중이라고 했다. 형의 단골 복덕방은 제법 규모가 컸다. 여러 명의 중개인들이 고객을 맞고 있었다. 벽에는 온통 지도뿐이었다.

우리가 들어서자 약삭빠른 중개인 하나가 도면에서 형의 필지를 짚으며 열변을 토했다.

"지금 말예요, 누에가 뽕잎을 먹고 잠을 자는 중인데 내일이면 쭉쭉 올라간다, 이거요. 한강다리공사 다 끝나 가죠? 고속도로가 뻥 뚫리죠? 이 말죽거리가 서울의 중심지가 된다 이 말씀이에요. 이거 하나 잡아 놓기만 하면 도가 납니다. 10년? 아니 5년만 기다리면 대박이 터집니다."

미끼를 물을 듯 대들던 고기들은 방향을 살짝 틀었다. 일이 잘 풀리지 않는 듯했다. 형이 구석방으로 들어가 밀담을 나누는 동안 흘깃흘깃 나를 훔쳐보던 나이 지긋한 중개인이 말을 건네왔다.

"얼마나 가지구 왔수?"

웃음으로 답을 하자,

"눈 딱 감고 잡아 보시라구요. 평당 천 원이면 공짜나 다름없어요. 이 필지가 3백 평짜린데 사 뒀다가 잔금을 치르기 전에 되팔아도 두어 배 장사는 됩니다. 우선 계약금 3만 원만 있으면 돼요."

솔깃했다. 주머니 속에는 교사월급 한 달치가 있지 않은가. 책은 나중에 사고 계약을 하고 봐? 잔금은 어떻게 마련하지? 논밭을 팔아? 대출을 받아봐? 막막한 듯도 싶고 어쩌면 될 성도 싶었다. 뜬구름을 좇는 기분이 들기도 했다. 누가 내 어깨를 탁 쳤다. 형이었다.

"잡아보라구. 시골 선생으로 썩고 있을거야?"

강을 건너오면서도 형은 땅 얘기뿐이었다. 생각해 보겠노라고 여운을 남겼다.

그러나 화려한 유혹의 손길은 인사동 고서점에서 책과 마주하는 순간 미련없이 떨어져 나갔다.

"박 선생님, 때를 잘 맞춰 오셨네. 부탁한 책들이 한꺼번에 나왔어요."

서점 주인이 구석에 있던 보자기를 풀었다.

아, 거기 안서岸曙의 ≪오뇌의 무도≫가 첫눈에 들어왔다. 우리나라 최초의 번역 시집이 아닌가. 이어 정지용의 ≪백록담≫, 오장환의 ≪성벽≫, 월탄의 ≪청태집≫등, 내가 그토록 구하고 싶었던 책들이 거기 있었다. 나의 눈이 동그랗게 떠졌다. 뽕잎을 먹고 난 누에를 고서점에서 발견한 듯 가슴이 벅찼다. 말죽거리 임야 3백 평 계약금은 됨 직했던 월급봉투를 몽땅 책값으로 지불했다.

그 무렵 나는 '백조白潮 동인들의 시사적詩史的 연구'를 테마로 대학원 논문 집필에 몰입해 있었으므로 신문학시대 시집들을 만나면 값을 따지지도 않을 때였다.

서울 강남이 눈부시게 개발되면서 복덕방쟁이들의 호언장담이 딱 들어맞았음은 이내 알 수 있었다. 상전벽해桑田碧海로 변한 그 곳을 지날 때마다 '땅이냐? 책이냐?'를 놓고 고뇌하던 기억이 떠오르기도 했지만 땅과의 인연은 그것으로 끝이었다.

지난해 가을, 낯선 방문객이 찾아들었다. 지방신문 논설위원 명함을 내민 그 50대는 서지書誌 연구에 취미를 가졌다고 자신을 소개한 뒤 서재 구경을 하고 싶다고 용건을 밝혔다.

다락방 서가로 안내했다. 그는 서지 전문가답게 일제강점기에서 해방공간까지 2백 권은 됨직한 책들을 꼼꼼히 다루고 나더니 이내 속내를 드러냈다.

"이 책을 파십시오."

"네?"

"백오십만 원 드리겠습니다."

말문이 막혀 버렸다.

"빈 책장은 선생님이 좋아하시는 오래된 수필집으로 꽉 채워 드리겠습니다. 이태준의 ≪무서록≫, 김용준의 ≪근원수필≫, 윤오영, 노천명, 김소운…."

부드럽게 거절을 했으나 그는 물러서지 않고 두어 차례 값을 올려 부르기도 했다. 쓴웃음이 절로 나왔다.

방문객이 돌아간 뒤에도 나는 다락방에서 좀처럼 내려올 수가 없었다.

아내가 차 한 잔을 들고 올라왔다.

"책을 사고 싶다는 거야."

픽 웃었다.

"그 때 책 안 사고 말죽거리 땅을 잡았더라면 당신 고생 안 시켰을까?"

"당신이 그 땅을 샀어봐요. 값이 올랐겠어요?"

고향을 떠나 두어 차례 집을 옮기면서도 제자리걸음만 한 이재理財에 아둔한 나를 빗대는 말투다. 올곧은 선비정신 운운하며 살아온 터는 아니라도, 그렇다고 책에 집착하여 이룬 것이 무엇일까.

좀 지나쳤다 싶었던지 아내가 말머리를 돌렸다.

"도가 났다던 사람 끝이 안 좋았잖아요?"

사촌형은 또 한 판 크게 벌이다가 사기꾼들에게 당한 끝에 건강을 잃어 일찍이 세상을 등졌다. 땅 대신 책만 바라보며 살아온 인생, 그나마 욕심 부리지 않고 무탈하게 살아왔다고 자위自慰할 일일까. 쓴웃음이 절로 나왔다.

책에 눈독을 잔뜩 들였던 사람은 며칠 후 다시 왔다. 양 손에 내가 소장하고 싶어 하던 오래된 수필집 보따리를 들고서.

"선생님께 드리겠습니다."

꼭 필요로 하는 책이 내 서재에 있는 듯싶었다.

"다섯 권만 뽑을 수 있도록 허락해 주십시오."

머리를 저었지만 그의 부연 설명에 마음이 흔들렸다.

"요긴하게 쓸 사람이 있습니다. 묵혀 두지 마시고 연구 자료가 되게 베푸시지요. 세 권만 주십시오."

그의 제의를 받아들였다.

아끼던 시집 세 권을 넘기고 소장하고 싶었던 수필집 초판본들을 손에 넣었다. 어차피 돈으로 따질 거래는 아니었다.

이 책들은 내 삶에 어떤 의미가 있을까. 다락방을 조선 선비의 상투와도 같은 풋대로 삼아 왔노라고 고고한 척해 보지만, 정작 자식들이 서재의 유산적 가치를 인정해 줄지는 의문일 수밖에 없는 노릇이다.

무소유의 삶 그 향기

지난봄 서울의 대형 서점에 들렀다가 흙 속에 묻힌 진주처럼 영롱한 책 한 권을 발견하고 가슴 벅찬 희열을 맛보았다. 바로 ≪으능나무와의 대화≫란 책이다.

'아니, 으능나무?'

그 많고 많은 신간코너 책의 바다에서 더구나 요란하지도 않은 소박한 겉표지인데도 내 눈에 번쩍 들어온 것은 은행나무를 '으능나무'라 표현한 데 있다. 은행나무를 으능나무라고 하던 분이 떠올랐기 때문이다.

맞았다. 20년 전에 타계한 철학수필가 민병산 추모문집이었다. 반가운 마음에 서점 한 구석에 서서 단숨에 읽어내려 갔다.

문집에는 다시 읽는 조시, 조사, 추모의 글과 20주기를 맞아 다시 쓴 민병산 스케치 그리고 고인의 자화상 수필들이 실려 있었다. 필진은 신경림, 구중서, 김문수 등 이름 있는 문인 말고도 카페 '귀천'의 주인 문순옥 씨를 비롯, 말년 활동무대였던 인사동의 책방, 음식점 주인이나 찻집 여인 등 생전에 제자 되기를 간청했던 분들로, 한편 한편을 읽어 내려가다 보니 가슴이 뭉클해왔다.

민병산, 그가 누구이고, 무엇을 남기고 떠났기에 돌아가신 지 20년이 지난 오늘까지 잊지 못하여 구구절절한 애도의 글을 엮어 펴냈을까. 유산을 남겼는가, 은혜를 입은 이들이 많던가. 아니다. 그는 베푼 일도 없고 남긴 것도 없다. 글을 썼으되 책 한 권 남기지도 않았다. '철학의 즐거움'이란 유고집도 서거 2년 후에 나왔다. 죽음도 철학의 대상으로 사고하다, 후배들이 마련한 회갑잔치 전날, 홀연 죽음을 맞이했다.

선생은 청주지역 최고의 갑부 장손으로 태어났으나 유산에는 전혀 관심이 없었고, 가세가 기울자 책 몇 권과 벼루 하나 들고 고향을 떠났다. 이후 서울의 관철동, 인사동을 전전하며 가난해도 정신의 훈기를 나누며 책 속에 파묻혀 독신으로 살았다. 그러나 '관철동의 디오게네스' 그 무소유의 삶이 이 시대를 살다 간 가장 아름다운 사람으로 많은 사람들의 가슴에 살아 있기 때문이리라.

어느 해 이어령 장관과 청주시장 등이 함께했던 오찬장의 대화가 생각난다.

'이곳 출신 문인 누가 계십니까?'

하는 물음에 누군가가 '한운사, 김수현' 할 때는 머리만 주억였으나 내가, "신동문, 민병산" 하고 외치자 이어령씨 놀라는 기색이 역력했다.

"민병산 선생이 여기 출신이신가요? 내가 가장 존경하는 철인이십니다. 책 읽은 얘기하다가 그 분의 박식함에 손발 번쩍 들고 말았습니다."

이 한마디가 뜻밖의 결실로 이어졌다. 유보되었던 문학비 건립에 대한 시장 결재가 난 것이다. 지금 청주 가로수길 어귀 발산공원에 가면 민병산 문학비와 함께 신동문 시비를 볼 수 있다.

선생은 신동문 시인과 함께 50년대 척박했던 청주 땅에 문학의 씨앗을 뿌렸으며, 더욱이 우리들 고교시절 문학동아리의 스승이셨다. 나는 시인의 길을 택했으나 그 길을 가지 못하고, 세월이 한참 흐른 뒤 수필로 기척을 하고 나서야 내 마음 깊은 곳에 민병산 선생이 자리하고 있음을 알았다.

하지만 심오한 철학의 경지에서 순결과 고독을 찬미하던 생애를 감히 흉내 낼 수조차 없는 일이기에, 청소년기에 잠시나마 우러를 수 있었던 소중한 인연을 축복으로 생각하고, 그 무언의 가르침을 되새겨 옷깃을 여며 본다.

"고맙습니다. 사랑합니다. 서로 사랑하세요."라는 말을 남기고 간 김수환 추기경의 거룩한 선종과, 그리움이 강물처럼 일렁이게 하는 병산 선생의 향기 높은 삶을 기억하며, '누가, 무엇으로, 나를 기억해 줄 것인가, 무엇을 남길 수 있을까.' 하는 물음을 스스로에게 던져 보지 않을 수 없다.

동그라미 얼굴

'여보! 빨리 좀 나와 봐요'

거실에서 TV를 보던 아내가 다급하게 소리를 쳤다. 문화의 날, 함께 훈장을 받은 욘사마의 살인미소가 '연예가중계' 헤드라인 뉴스로 뜨고 있었다.

청주예술의전당 대공연장 무대, 유인촌 장관이 훈장을 달아주자, 배용준이 객석을 향해 웃음을 날리며 손을 흔들어 댄다. 박수 소리가 요란하다.

달변의 리포터는 흥분된 목소리로 '한류스타 최초로 받는 문화훈장' 의미를 강조하며, '일본 여성팬 5백 명이 전세기 편으로 왔다.'고 분위기를 고조시킨다. 2층을 꽉 메운 일본 관광객들은 자리를 박차고 일어나 까르르 까르르 괴성을 내며 열광한다.

이 극적인 순간, 주인공 어깨너머로 소 잡은 데 개 어리대듯 얼핏얼핏 얼굴이 나타나는 엑스트라가 잡힌다. 짜리몽땅한 몸매, 벗겨진 대머리가 조명등인 양 번쩍이는 낯설고 어색하게만 보이는 얼굴, 아, 하마터면 내가 나를 몰라 볼 뻔했다.

염색을 해 보라고 꼬시던 이발사의 말에 넘어가 주었어야 했다. '속알머리'는 없어도 '주변머리'는 있고 '앞가림'은 한 편인 내 머리, 그런데 남은 머리카락마저 하얗게 세어 버리고 보니 화면에는 영락없는 민대머리로 비칠 수밖에. 더구나 당대의 톱스타들 사이에 끼었음에랴.

아니나 다를까, 이튿날, 연예가중계의 높은 시청률을 반영이라도 하듯 단 몇 초 동안 얼굴이 스쳤을 뿐인데도 알아보고 경향 각지의 지인들로부터 축하전화가 빗발쳤지만, 말미에는 꼭 토가 붙었다.

'팍 늙으셨군요, 몰라 뵐 뻔했습니다.', '살 좀 빼셔야겠어요.'는 점잖은 충고였고, 오래 소식이 끊겼던 후배는 아예 '박옹朴翁'이란 호칭까지 붙였다.

옆에서 지켜보던 아내가 고소하다는 듯 한마디 던지는 말에 정신이 번쩍 들었다.

"주제파악 좀 하라구요."

내 소싯적 애칭은 '똥그래미'였다. "동그라미 그리려다 무심코 그린 얼굴" 같은 나다. 애비를 빼어 닮은 막내녀석이 장동건처럼 생겼다며 우쭐대던 때도 있었고, 지하철 매표구에서 신분증 보자고 하던 때가 바로 엊그제이다.

이처럼 동글동글한 동안童顔이 개성미가 없어서인지 누구를 닮았다는 소리를 많이 듣고 있다. 잘 나갈 때는 박동선, 장세동 같은 멋쟁이들과 '닮았다'는 소리도 들었고, 지천명에 올라서며 체중이 불어나자, 이번에는 '보름달', '달마상', '부처님'으로 비유 대상이 바뀌어 버렸다.

한데 이 보름달 얼굴이 엉뚱한 감투 하나를 씌워줄 줄을 누가 알았겠는가. '2008 문화의달' 행사가 청주로 유치되어 추진위원회를 구성하던 날, 위원장이란 중책을 맡는 단초가 되어버린 것이다.

지역 예술단체 대표들이 대립각을 보이면서 각축을 벌이다가 '경로우대' 쪽으로 기울었고, '나이만큼 철이 덜 든 사람'이라며 한사코 고사固辭했으나, 누군가가 "문화의 달月이니까 얼굴이 보름달같이 생긴 분이 맡아야 하지 않겠어요?" 하는 너스레에 어떤 인연 같은 게 느껴져 받아들이고 말았다.

색깔이 다른 여러 단체들을 원만하게 잘 아우르고 소통시키라는 주문, 그러나 얼굴이 둥글게 생겼다고 마음까지 둥글지는 않은 법, 외곬인 나로서는 너무도 벅찬 자리였다.

다행스럽게도 인복人福은 타고났나 보다. 일이 잘 풀리지 않거나 어려운 고비를 맞을 때마다 도와주는 사람이 생겨났다. 까마득하게만 보이던 동심원同心圓이 서서히 그려졌다.

행사 준비는 그런대로 되어갔으나 문화예술계 원로들이 참석하는 기념식의 관객 동원이 문제였다. 1천5백 석 자리를 채우기 위해 3천 장도 넘는 초대장을 발송하고, 참가예상자를 체크해보니 절반도 차지 않을 듯했다. 할 수 없이 시내 동장들을 모아 놓고 사정을 했으나, 강제동원은 어렵다고 절레절레 머리를 흔들어 댔다. 이 마지막 고비에서 구세주가 나타났다. 한류스타 배용준이 훈장 서훈자로 참석하게 된 것이다.

욘사마의 위력은 대단했다. 표창자 명단이 공식 발표되기도 전에 정보를 미리 입수한 여행사들이 발 빠르게 일본 팬들을 확보하여 전세기까지 띄운다는 낭보가 전해졌다. 쾌재를 부르지 않을 수 없었다. 호텔방이 동이 나 버렸다. 어제까지 자리 채우기에 안간힘을 쓰던 준비팀은, 거꾸로 오겠다는 사람 말리느라 전전긍긍하는 진풍경이 벌어졌다. 기념식장은 예상대로 초만원을 이루었다.

배용준은 헬기를 타고 와 서너 시간 머물고 돌아갔다. 그가 움직일 때마다 팬들이 장사진을 이루어, 전경들이 길을 터 주어야만 했다. 일본 관광객들은 욘사마 행차를 잠시 보기 위해 2박 3일간을 할애했다. 문화의 달 행사가 외국 관광객 유치의 부수효과를 몰고 온 셈이다. 함께 상을 받은 앙드레 김, 송승환, 장나라는 뒷전으로 밀렸다. 보도진들은 오직 배용준에만 초점을 맞추었다.

'도대체 그 여자 남편들은 뭣하는 것들여? 배용준한테 홀딱

넘어가도 괜찮다는 거여, 뭐여?'

충청도 양반의 잣대로 혀를 찰 법도 한 노릇이지만 그냥 묵인한다는 얘기다. 욘사마에게 대리만족을 느낄 뿐이어서 아내가 바람을 피울 걱정은 없다는 것.

지난봄 오스트리아 여행을 안내한 가이드는 2백5십 년 전의 모차르트가 지금도 잘츠부르크를 먹여 살리고 있다고 했다. 그의 문화브랜드의 가치는 세계적인 기업 필립스와 맞먹는다는 얘기도 들려주었다. 배용준 문화브랜드의 부가가치는 얼마나 될까? 그러나 배용준의 인기를 모차르트와 견줄 수는 없는 일이다. 한류스타를 계속 이어내야 한다.

이번 행사는 지역 사람들에게 문화의 의미를 새롭게 재인식시켰다. 문화가 돈이 되는 시대, 향부鄕富 나아가 국부國富 창출의 원동력이 문화에서 나온다는 사실을 배용준은 웅변으로 일깨워 주고 간 셈이다. 욘사마, 고마워요.

보름달 얼굴 덕분에 문화의 달로 떴다. 연예가중계에 얼굴을 내밀었다가 주제 파악도 좀 했다. 노인도 벼슬이라 했던가. 이마에 새겨진 훈장을 가슴에 달고 보니 철이 좀 드는 듯도 싶다.

얼굴은 마음의 거울이다. 타고난 동그라미 얼굴처럼 마음도 동글동글 아름다운 동심원同心圓을 그려나가야 하겠다고 뒤 늦은 다짐을 해본다.

2부

첫날밤 그 암자

속리산 영봉 서쪽 끝에 묘봉妙峰이 있다.

문장대의 동생 격인데 그리 높지도 않으면서 산세가 험준하고 주능선 일대가 온통 기암괴석으로 덮여 있어 이름 그대로 묘한 맛을 풍긴다.

이 산을 처음 찾았던 날, 나는 황토빛이 오른 수백 년 묵은 노송老松에 반했고, 조물주의 마지막 손길이 닿은 듯 흰구름 위에 떠 있는 정상 암봉에 매료당했다.

산 북편인 용화에서 올라가는데 바위가 병풍을 친 듯 가까이 다가갈수록 잘 그려진 산수화 속으로 빠져 들어가는 느낌이 들었다. 계곡 물길을 따라 길이 이어져 간간이 좌우로 건너뛰어야 했고 진달래, 조릿대, 싸리나무가 엉켜 길을 덮고 있어 허리를 잔뜩 구부리고 나뭇가지를 헤치며 올라가야 했다. 어느새 도란대던 물소리마저 끊기고 낙엽이 무릎까지 빠지는 가파른 비탈길에 이르렀다.

문장대에서 오는 길과 연한 주능선길에 올라 잠시 땀을 식힌 뒤 오른쪽 길로 접어드니 군락을 이룬 노송지대, 이윽고 기암괴석이 어우러진 묘봉 정상이 나타났다. 온통 바위 천지였다. 짙푸른 이끼와 석이버섯이 솔내음과 어우러져 독특한 향내를 풍겼다. 8백여m 정상에서 내려다보는 조망이 시원했다.

이날 우리는 정상 부근의 넓적바위에서 점심을 들고 오후 3시경 올라온 반대편인 법주사 쪽 길로 하산을 시작했다. 내려가는 길은 편안했다. 얼마쯤 내려오다가 문득 뒤를 돌아다보니 같이 오던 일행이 보이지 않았다. 내가 앞서 온 듯도 싶고 혼자 뒤떨어진 것 같기도 했다.

이때 시야가 트이면서 왼편 산기슭으로 기와집 모서리가 나무 사이로 보일 듯 말 듯 어른거렸다. 암자庵子가 분명했다. 환상에 끌리듯 다가가는데 어디선가 본 듯 낯익은 풍경이 펼쳐졌다. 분명 전에 와 본 곳이었다. 잠시 바라보다 나도 모르게 탄성이 터졌다. 신혼여행을 왔던 여적암汝寂庵, 내가 첫눈에 알아보지 못한 것은 절의 반대편에서 산을 넘어온 때문이다.

아내와 첫날밤을 보냈던 암자 건물은 세월의 풍파를 견디다 못해 퇴락해진 채 무성한 잡초들만이 에워싸고 있었다. 거기 내 젊은 날의 잔영殘影이 묻어 있는 듯 눈에 잡혔다. 마음이 훨훨 30년 전으로 날아가는 듯했다.

꽃 향기 그윽한 5월의 어느 날, 신부의 손을 잡고 속리산으로 신혼 여행을 갔다. 당시엔 경주 불국사나 온양 온천을 선호하던 시절이었으나, 산을 좋아하던 나는 속리산을 택했다. 아침 일찍 떠나와 법주사 경내를 돌며 사진을 찍다가, 문득 이상한 충동에 사로잡혔다. 여관촌에서 신혼의 첫밤을 보낸다는 것은 무의미할 것만 같아, 생각해 낸 것이 법주사의 말사인 여적암이었다.

나는 신부에게 간곡히 청했다

"이 수정봉을 넘어가면 대학 다닐 때 이태 여름을 보낸 민판동이 있고 그 위쪽에 여적암이 있는데 조용한 곳이니 거기 가서 묵고 오는 게 어떻겠는가."

매우 어처구니없는 즉흥 제의였지만 신부는 망설이다가 기꺼이 내 뜻을 따라주었다. 수정봉을 넘어 여적암까지 가는 동안 가시덩굴에 걸려 옷이 찢어지기도 했지만 큰 어려움은 없었다.

신록 속의 여적암은 한 폭의 그림 같았다. 마침 새 법당을 준공한 직후라 동네 아낙들까지 와 북적였다. 뜻밖에 들이닥친 신혼 부부를 맞은 절 사람들은 반색을 했다.

"아니 새색시가 워떻게 왔댜?"

"경사났네!"

"어서 올라와 인사부터 드려."

한 아주머니가 '먼 길 오느라 시장하겠다.'며 점심을 차려다

주었다. 내가 하룻밤 묵고 싶다고 청하자 대환영이었다. 여적암은 비구니들만 있는 암자였는데 주지스님이 그동안 법당으로 써오던 낡은 암자를 신혼방으로 내주었다. 바로 대학 시절 본 암자 본채이다.

신부는 산을 넘어 오느라 발까지 부르텄으나, 절 사람들의 진솔한 환대에 고단함도 녹아버린 듯, 화안한 표정이 되었다. 방문을 열어 보니 아래쪽에 부처님이 모셔져 있었다. 방 가득 경건함이 느껴져 함부로 범할 수가 없었다. 머뭇거리고 있는데 안내해 준 아주머니가 좋은 꿈꾸라.'고 신부의 등을 토닥거려 주었다. 우리는 아주 편안한 기분으로 신혼의 단꿈을 꿀 수 있었다. 그 후 여적암은 바쁜 일상에 묻혀 버리고 말았다.

법당 문을 열고 들어가 부처님 앞에 옷깃을 여민다. 30년 세월이 흘렀는데 내가 그동안 무얼 하며 살았는가, 회한이 가슴을 저며 온다. 밖으로 나오자 초로初老의 비구니 한 분이 정좌하고 있다가 묘봉에서 내려오는 등산객이냐고 기척을 했다. 나는 옛날 민판동에서 여름을 지낸 얘기며, 아래 절에서 첫날밤을 묵은 사연까지를 털어 놓았다. 스님은 다소 놀라는 기색으로 머리를 주억이며 먼 하늘 쪽을 응시하다가 입을 열었다.

"첫날밤 얘기 알고 있지요."

나의 눈이 크게 떠졌다.

"네?"

"아래 절에서 부처님 옮겨 모시던 날, 신혼부부 얘기가 나왔는데 주지스님께서 축복을 받았을 거라고, 부처님의 가피가 계실 거라고 축원하셨습니다."

아아, 그랬던가. 내가 잊고 살아온 동안에도 이 절에서는 우리 부부를 잊지 않고 축원을 해주었단 말인가. 그러고 보니 절에서 내려간 열 달 뒤, 손 귀한 우리 집에 득남의 경사가 났고, 그 애가 두 번이나 큰 교통 사고를 당할 위기를 모면했던 일, 누가 시킨 바도 없는데 고교 시절부터 불교 학생회에 열심히 나가던 일들이 모두 예사롭지 않게 생각되었다.

30여 년 전 암자에서의 신혼 첫날밤이 축복이 되어 오늘에까지 큰 인연으로 살아 있는 것일까. 잔잔한 감동을 느끼며 먼 하늘을 올려다보고 있던 내 어깨를 탁 치는 사람이 있었다. 일행 중 한 사람이 절 쪽으로 방향을 트는 나를 보고 뒤따라온 모양이었다.

그 날 이후, 묘봉을 오르는 횟수가 늘어갔다. 내려올 때는 꼭 여적암에 들렀다. 부처님 오신 날에는 아내와 함께 법주사에 등을 밝히고 이곳을 찾았다. 민판동 쪽에서 오르는 길은 암자 입구까지 잘 닦여졌다. 단지 하룻밤 묵고 간 이름도 모르는 신혼부부를 축원해 주셨던 주지스님은 큰 스님으로 불리다가 열반했다고 했다.

올해는 사월 초파일을 며칠 앞둔 주말에 다녀왔다. 우리 내외가 법당에 예절를 올리고 밖으로 나오자 뜻밖에 남자 스님 한 분이 정좌하고 있었다. 여스님들이 보이지 않는 것을 궁금해 하자 암자를 중수重修할 계획이라고만 밝혔다. 스님은 초면의 방문객을 의아한 듯 바라보았지만 옛날 사연은 묻어 두기로 했다. 암자의 푸른 빛과 묘봉에 솟은 바위에서 무언의 가르침을 스스로 깨닫고 싶었다. 쓰러질 듯 퇴락해 있던 아래 절은 몰라보게 단장이 되어, 고시 준비생들의 공부방으로 쓰이고 있었다.

내려오는 길에 "부처님 가피가 계셨을 거란 말씀은 노스님의 덕담 아니었을까?" 자문하듯 한마디하니, 아내는 "자비심을 가꾸라시는 부처님 뜻을 전한 게 아닐까요?" 했다.

'의심하는 만큼 깨달음이 있다.'고 했던가. '믿으면 보이나니 그 때 보이는 것은 옛날 본 것과 다르니라.' 했던가. 아내의 손을 꼭 잡으며 청정한 마음으로 살아가겠다고 다짐해 본다. 산새 지저귀는 청아한 소리가 귀를 맑게 씻어준다.

부부싸움 못 해본 사연

결혼한 지 30년을 넘은 부부가 싸움 한 번 안하고 살았다면 잘한 일일까. 못한 일일까. 아니 이 말을 그대로 믿어주기는 할 것인가.

나는 바보스럽게도 아직껏 싸워 본 일이 없다. 마음이 너그러워서인가. 행복에 겨워서인 까. 그렇지는 않다. 융통성이 없는 외곬인데다 농촌에서 부모님을 모시고 사는 나날이 어찌 평탄만 했겠는가. 그런데도 쌈질 한 번 안한 것이다. 이는 전적으로 과묵한 아내 덕분이다.

몹시 화가 나서 언성을 높였다거나 말다툼 끝에 묵비권을 행사한 정도는 있었지만 싸움으로까지 번진 일은 없었다. 아니, 싸움을 벌일 만한 형편이 되지 못했다는 게 옳은 표현 같다.

내가 학교에서 과외지도까지 마치고 집에 오면 아내는 농삿일과 연년생 세 아이를 건사하느라 파김치가 되어 있기 일쑤였다. 그야말로 '사랑의 확인 작업'이라고까지 하는 부부싸움이란 사치스런 사랑놀음에 불과했다.

아내는 형제 많은 집안의 맏딸로 자라 너그럽고 인내심도 남달랐지만, 그렇다고 호락호락한 순종형만은 아니다. 한번 틀어졌다 하면 좀처럼 풀리지 않는 서릿발 같은 매서운 구석이 있어, 넘지 않을 선을 잘 헤아려야 했다. 거짓말로 둘러대거나 가부장적 권위를 내세워 아내를 이기려고는 하지 않았다. 이런 남편의 진솔함을 좋게 받아 주었다.

월급 봉투는 얄팍한데 글을 씁네, 낭만파네 하면서 자유분방하게 살아온 내가 어찌 허점을 보인 일이 한두 번이었겠는가. 그럴 때면 감추려 하지 않고 솔직히 이실직고를 했다. 물론 양념은 쳤다. 마치 수필에서도 얼마간의 허구가 인정되듯이 적당히 꾸미거나 둘러대는 임기응변의 기지는 발휘해온 적은 있다. 하지만 양심에 크게 가책을 받거나 아내에게 상처 줄만한 오해는 없었던 듯하다.

나는 이 별난 이력을 가끔씩 주례사에 인용하면서, 신혼부부들에게 싸우지 말라는 당부를 하고 있다. 미리 불러서 서약을 받기도 한다.

아쉬움은 있다.

부부싸움은 칼로 물 베기 같아 할수록 정이 들고, 재미도 있다는데 우리 부부는 그걸 해보지 못했으니 말이다.

요즈음 우리 옆집에 새로 이사 온 젊은 회사원 부부가 어찌나 싸움을 요란스레 하는지 은근히 호기심이 발동하고 있다.

밤늦게 "죽여라! 죽여라!" 하는 여자의 날카로운 외마디 소리에 '오냐. 끝내주마 요x아.' 하는 거친 사내 목소리가 겹쳐지고, 그릇 깨지는 파열음과 비명소리가 한참씩 계속되어, 분명 큰일이 났지 싶어도 이튿날 보면 실망스러울 정도로 멀쩡하다.

언제 그랬느냐는 듯이 출근하는 남편을 배웅하며 생글생글 웃음을 날리는 젊은 부인의 모습이 너무도 천연덕스럽다. 싸우고 나서 더 정이 들었단 말인가, 싸움 끝에 사랑이 깊어진단 말인가. 나도 싸우고 나면 아내가 더 예뻐 보이고, 몸에 쌓여 있던 노폐물을 말끔히 씻을 수 있을 듯도 하여 마음이 솔깃 끌리기도 한다.

그래서 더 늙기 전에 싸움이나 한번 해봐야겠다 싶어, 마음을 단단히 먹고 시비를 걸었는데, 아내는 바위처럼 꿈쩍도 않는다.

'왜 안하던 짓을 하느냐.'고 가소롭다는 듯 빤히 쳐다보기만 한다. 나도 그만 웃음을 참을 수 없어 킥킥거리고 말 수밖에.

싸움을 많이 하며 살아왔더라면 채찍이 되고 자극제가 되어 내 인생이 달라졌을까. 참으로 엉뚱한 생각이 들다가도 이제 자식들에게 좋은 가풍으로 전할 단 하나 자랑거리가 바로 싸움 안하고 살아온 그 일밖에 더 있는가 싶다.

부부, 왜 싸워? 살던 대로 살아가리라.

알다가도 모를 일

한 해에 두 번씩 혼사를 치르는 일은 결단코 하지 않겠다던 내가, 일이 묘하게 되느라고 큰녀석 장가보내던 해, 남부끄럽게도 딸마저 시집을 보내게 되었다.

서울에서 직장을 다니고 있던 딸애가 하루는 마음에 드는 청년이 생겼다고 집으로 데려와 인사를 시키면서 "아버지 때문에 사귀게 된 거예요."라고 했다. 무슨 뚱딴지같은 소리냐 싶었는데, 알고 보니 녀석의 이름이 나와 똑같은 '영수'라는 거였다.

아버지와 이름이 똑같다는 사실이 운명의 끈인 양 잡아끌더라며, "아빠에 대한 존경심 때문이 아니겠어요?"라고 했다. 듣고 보니 그럴싸한 핑계였다.

그러나 혹여 올해 안에 식을 올리자면 어쩌나 싶어 "청년이

내 맘에도 썩 든다마는 한 해 두 번 혼사는 치를 수 없으니 서둘지 말라."고 단단히 못을 박아 놓았다.

이때만 해도 '우리가 뭣하러 서두르겠느냐.'고 모녀가 입을 맞추었지만, 그 해 가을 어느 날, 걱정하던 바가 현실로 다가오고야 말았다. 양가 부모 첫 대면하는 자리에 나갔더니 나의 지엄한 당부는 깡그리 무시된 채 결말이 나 있었다. 아내와 딸애가 이미 그쪽 집안과 한통속이 된 듯했다.

지난 뒤에 생각하니 서울행 고속버스 안에서 집사람이 건넨 말에 남다른 의미가 있었나 보다. 어디 가서 궁합을 보았더니 딸애가 내년에는 결혼을 못할 운세라고 했고, 사윗감이 2대 독자여서 결혼을 무척 서두르고 있다는 말도 덧붙였다. 이게 다 짜짜꿍이 되어서 하는 얘기인 것을 나는 상견례 자리에 가서야 알았다. 결국 믿는 도끼에 발등 찍히는 꼴이 되고 말았다.

"봄에 혼사를 치르신 터에 저희 형편을 헤아려 주셔서 참으로 고맙습니다."

사돈 되실 분이 점잖게 말문을 열더니

"양가가 모두 교육자 가족이니 기왕이면 겨울방학을 피해서 12월 초가 좋겠습니다만…."

어안이벙벙해진 내가 무슨 얘기냐 싶어 아내 쪽을 바라보니 허벅지를 꼬집으며 하는 말,

"준비가 전혀 돼 있지 못해서 그게 걱정이에요."

아내는 우회적인 표현으로 동의를 했다.

여기에 사부인 되실 분과 사위 될 녀석이 쐐기를 박고 나왔다.

"혼수 걱정일랑 아예 하지 마세요. 빈손으로 보내주셔도 됩니다. 두 사람이 벌어서 하나하나 장만해 가야죠 뭐."

"12월 7일 일요일이 길일이라고 해서 저희는 그 날로 합의를 봤습니다."

'안돼!' 소리가 목구멍에서 꿀꺽 넘어가 버렸다. 박고집도 자식을 맡길 사돈 될 분 앞에서 주눅이 들어 버렸다. 벙어리 냉가슴 앓을 도리밖에 없었다. 벌써부터 그 집 식구가 된 듯 편을 들고 나오는 딸년이 괘씸했고, 맞장구를 치는 아내까지 미웠다.

하지만 어쩌랴. 무대에 선 배우처럼 너털웃음까지 날리며 상견례를 마치고 나왔지만, 나의 기분은 쉽게 풀리지 않았다. 딸년이 터미널까지 따라와 얼레발을 쳤지만. "늬들 맘대로 해 봐!" 한마디 내뱉고 버스에 올랐다.

생각할수록 서운하기 짝이 없었다. 갑자기 딸과 남남이 된 듯했다. 딸애를 키울 때 생각이 났다.

아들 이름은 돌림자를 따느라 남의 손을 빌렸지만, 딸네미 이름은 사랑의 징표로 직접 작명까지 해주었던 애비였다. 말미암을 유由에 참 진眞자를 골라 참되고 진실되게 살라 일렀고, 여기에 이름이 사람 운세에 영향을 미친다는 말이 마음에 걸려 명망 높은 시조시인 김상옥金尙沃선생께 감정까지 받는 지성至誠을 받치지 않았던가. 체격 작은 게 늘 안쓰러워 손찌검은 고사하고 큰소리로 꾸지람 한 번 하지 않고 키운 딸아이이기도 했다.

어디 그뿐이랴. 대학 졸업반 때 어려운 취직문을 뚫어주고자 이력서를 들고 서울 바닥을 해매다가 운좋게 고마운 선배 한 분을 만나 평생직장까지 마련해 주었던 애비가 아닌가.

버스에 앉아 이런저런 생각을 하다 보니 섭섭한 마음만 부풀어 올랐다. "혼수고 뭐고 해줄 것도 없지." 하고 중얼대자 옆자리에서 눈치만 보고 있던 아내가 "딸 보내는 게 섭섭해서 그러죠?" 하고 거들었다.

"달랄 때 줘야죠. 오죽하면 딸을 둔 부모는 전당포 주인에 불과하단 말이 나왔을라구요. 임자가 나타날 때까지 우린 그저 잠시 맡아 기르는 것뿐이라잖아요."

"우리가 급할 게 있어, 꿀릴 게 있어, 내가 안 된댔잖아."

"쓸데없는 고집 그만 피워요. 남들이 뭐라는 게 그리도 대단해요? 우리가 남 위해서 살아요? 빨리 애들 보내고 여행이나 다니자던 당신 아녜요?"

아내 말이 옳은 듯 느껴졌지만 한번 구겨진 내 마음은 오랫동안 펴지지 않았다. 이런 내 기분과는 상관없이 결혼 준비는 일사천리로 진행이 되었다.

살림을 차릴 전세방을 구했노라고 연락이 오자, 아내는 혼숫감을 장만할 목록을 내밀었다. 돈이 얼마쯤 있어야 구색을 갖추겠느냐는 물음에 "줄잡아 두 장 정도는 들겠는데 손에 쥔

돈은 한장 밖에 더 돼요?" 하고 긴 한숨을 내쉬었다.

나는 서둘러 치르는 혼사지만 해줄 건 해 주어야겠다 싶었다. 은행에서 신용대출을 받아 서울 가는 아내 손에 한 장을 더 쥐어 주었다.

이튿날 내려온 아내는 말없이 대출해 가져갔던 돈을 도로 내놓았다. 어떻게 된 거야, 했더니 딸애가 집안 형편을 눈치채고 헐한 것만 골라서 한 장으로 끝을 냈다고 했다.

순간 사돈 되실 분들의 얼굴이 떠올랐다.

"뭐야?" 나는 소리를 벌컥 질러댔다.

"애비 망신 주려구 또 짰어? 빚 얻어 줬다고 되가지고 와? 자식이 그렇게 하겠다고 따라가는 에미가 어디 있어. 남편 무능하다고 광고 내고 싶어? 당장 내일 가서 좋은 걸로 더 사주고 와!"

혼수를 해 주느니 못해 주느니 떠벌리던 내가 되레 덜 썼다고 큰소리를 치고 말았다. 듣다 못한 아내가 횡하니 밖으로 나가 버렸다.

그 애가 어떤 딸인데…. 손 귀한 우리 집에 연년생 오빠와 남동생 틈에 태어나 겉돌며 자라, 늘 가슴 한 구석에 찬바람이 돌던 딸애 아니던가. 젖 뗄 무렵부터 고모네 집으로, 외갓집으로 내돌려도 잘만 자라던 아이, 이런 성장 과정이 오히려 신의 축복인 양 심성이 밝고 모나지 않으며 곧게 커 얼마나 고마운지 모르던 딸이 아니던가. 모든 게 무능한 애비 탓이란 생각이 들자 가슴이 저며 왔다. 빈손으로 시집가겠다는 그 애 마음이 어땠을까 싶었다. 아내는 문 밖에서 훌쩍이고 있었다.

남들은 딸 시집보내는 날 서운하고 허전해서 눈물 흘린다는데 우리는 미리 울어 버리고 말았다. 아내의 어깨를 살며시 안아 주었다.

결혼식은 서울에서 조촐하게 치렀다. 청첩장은 아들 때보다 반으로 줄였으나 많은 분들이 멀리까지 오셔서 축복해 주었다. 큰 은혜를 입은 기분이었다. 내가 괜한 고집을 부렸던 것 같았다.

딸이 딸을 낳던 날, 죄나 지은 듯 애비 어깨가 축 늘어지더니 지난해 가을 친정에 와 사내애를 순산하자, 괜스레 어깨가 으쓱 올라갔다. 딸 둔 부모를 전당포 주인에 비유한 것은 얼토당토 않다. 그보다는 애프터서비스를 책임진 영구 보증인이란 말이 옳을 듯하다.

이제 어엿한 두 아이의 엄마가 된 우리 딸애는, 맞벌이 직장생활에다 시부모 봉양하랴, 고단한 삶을 꾸려가면서도 언제나 밝고 명랑하다. 마음 씀씀이에 정이 넘치고 어른스러워졌다.

딸에게 배우는 경우도 있다. 어떤 때는 우리 내외가 그 애 손바닥 위에 있는 것처럼 멀리 있어도 마음을 잘도 헤아린다.

그 애가 친정나들이를 올 때는 등산용 양말이며, 모자, 땀복 같은 것을 사들고 온다. 산에 심취한 애비가 가장 좋아하는 선물임을 훤히 알기 때문이다.

그 애가 집에 오면 무슨 트집을 잡을지 몰라 짜릿한 긴장감을 맛보기도 한다. 머리는 왜 그리 짧게 깎았느냐, 넥타이가 촌스럽게 그게 뭐냐, 구두 좀 닦아 신어라…. 허점을 콕콕 찔러 지적하는 딸아이다. 아내에게 듣는 잔소리와는 전혀 차원이 다르다. 재잘거리는 딸애 말소리가 도란대는 여울물 소리 같기도 하고 고운 멜로디처럼 들리기도 한다.

하지만 밤늦게 또는 새벽같이 전화가 걸려오면 가슴이 철렁 내려앉는다. 시댁 어른들 귀염은 받고 있는지 그것도 늘 신경이 쓰이곤 한다.

딸이 뭐길래 남의 집 사람으로 주고 나서도 늘 가슴에 넣고 살며, 이토록 아파도 하고 기뻐도 하는 건지 참으로 알다가도 모를 일이다.

운명의 끈

지난해 늦가을, 우리 내외는 잠시 제주도로 여행을 다녀왔습니다. 그곳에 사는 고향 선배가 오래 전부터 불러주신 것을 미루고 미루다가 모처럼의 짬을 냈습니다.

제주에는 이틀간의 여정이 마련되어 있었고, 아침 일찍 올라 탄 관광버스 안에는 뜻밖의 흐뭇한 만남이 기다리고 있었습니다.

승객은 30명, 그 가운데 우리를 제외한 열네 커플이 모두 신혼여행 팀이었습니다. 신혼부부들은 온 세상이 자기들만을 위해 존재하는 양 행복에 겨워 있었습니다. 그들은 중년인 우리 내외를 보며 '신랑신부가 꽤 늙었군.' 하고 키득거렸을지도 모를 일이지만, 발랄하고 싱싱한 선남선녀들과의 동행은 우리가 마치 진짜 신혼여행이나 온 것처럼 손을 꼭 잡고 다니게 만들었습니다.

하루의 관광 일정을 마치고 돌아오는 차 속에서 일행들은 자기 소개의 기회를 가졌습니다. 한 커플씩 앞으로 나와 마이크를 잡고 서로 알게 된 동기와 결혼을 하게 된 과정을 소개해 나가는데, 사연도 많았고 드라마틱한 요소도 있어 마치 열다섯 편의 애정 영화를 감상하는 듯한 감동이 따랐습니다.

거리를 지나가다가 우연히 만나서 한 번의 데이트 끝에 노총각을 면했다는 30대의 신랑. 길모퉁이에서 우연히 마주친 여인, 어디서 본 듯하여 뒤를 돌아다보니 그녀도 돌아다보고 있었더라는 얘기였습니다. 남자가 용기를 내어 차 한잔하자고 끌었고 결혼까지 하게 되었다는 겁니다. 그들은 아무리 생각해봐도 초면이었지만 서로가 가식이 없는 순수한 매력을 느끼게 되었다고 했습니다. 똑같이 뒤를 돌아보고 싶게 한 그 충동은 하느님이 보낸 신호였던 게 분명합니다.

그런가 하면 직장에서 사장실의 거만한 비서 아가씨와 시비가 붙은 것이 인연이 되어, 극비리에 3년 간을 사귀다가 들통이 나는 바람에 급행열차를 탄 똘똘남의 러브스토리도 있었습니다.

“사장님이 계신 줄 알고 몇 번을 면회를 신청했으나 번번이 거절하는 거예요. 나중에는 화가 치밀어서 도대체 어떻게 생긴 여자가 그렇게 건방진가 하고 직접 뛰어 올라갔어요. 왜 거짓말하냐고 호통 한번 쳤더니 글쎄 막 울잖아요. 그러니 갑자기 마음이 약해져서 내가 도리어 울지 말라고 사과할 수밖에요. 그날 저녁 식사까지 푸짐하게 사면서 달래다가 이렇게 같이 살게 됐네요."

초등학교 때 동창의 인연이 지속되어 결혼에 골인한 소꿉친구 부부도 있었고, 몇 번씩 헤어졌다가 결합하거나 온갖 우여곡절 끝에 성공한 경우도 있었습니다.

내 앞자리에 앉아, 가는 곳마다 지각 단골이던 커플의 신랑은 '말도 마십시오. 점쟁이 말 한마디에 그만 10년 공들인 탑이 무너질 뻔했습니다.'며 긴 한숨까지 내쉬었습니다.

마지막으로 우리 차례가 됐습니다. 자연스런 만남으로 교제가 시작되었다가 일단 여자가 등을 돌렸는데 뜻밖에도 중매가 들어와 만나 보니 거기 운명 같은 여인이 앉아 있었더라고, 연애 반 중매 반 식의 결혼 사연을 소개하고, '20년 전에 결혼식을 올리고 오늘에야 신혼여행을 왔다.'고 하자 탄성과 함께 큰 박수가 터졌습니다.

나는 내친김에 우리 부부는 결혼 후 지금까지 한 번도 싸운 일이 없는데 그건 참을성과 이해심 많은 아내 덕분이라고 덧붙였습니다. 그러면서 여러분들이 앞으로 부부싸움 않겠다는 다짐의 뜻으로 집사람에게 박수 한번 더 보내 달라고 너스레까지 떨었습니다. 기립 박수가 장내를 진동했습니다.

이처럼 열다섯 쌍의 스토리를 하나하나 듣고 나니 좀 전까지는 별로이던 짝꿍들이 모두 잘 어울리는 한 쌍으로 보였습니다. 옆 자리의 아내를 바라다보니 하늘이 정해준 천생배필 같아 손을 꼭 잡았습니다.

부부란 우연으로 맺어지는 것이 아니라, 운명의 끈으로 묶여지는 신성한 것임을 다시 깨우치게 한 여행이었습니다.

세상에서 가장 온유한 미소

6·25 때, 함께 피난 갔던 우리 집 소를 나는 아직도 잊지 못한다. 낙동강에서 잃어버렸다가 대구 근처에서 찾아냈을 때, 주인을 알아보는 듯하던 그 눈빛을 나는 이 세상에서 가장 온유한 미소로 기억하고 있다.

전란이 나던 해 나는 초등학교 6학년이었다. 청주읍 쪽에서 대포 소리가 들리고 전폭기의 굉음이 진동하던 7월 어느 날, 우리 가족은 외가 친척들과 함께 피난길에 올랐다. 중학교 학자금 몫으로 기르던 소를 어쩔 수 없이 끌고 나섰다. 며칠만 피했다 온다고 집을 나선 길이 먼 남쪽 경상도까지 3백 리 고행길이 될 줄은 아무도 몰랐다. 처마 밑에서 새우잠을 자다 포성이 가까이서 들리면 무작정 남쪽으로 내려가야만 했다.

짐을 실을 수 있어 편하다 싶었으나 소가 갈수록 큰 짐이 되어갔다. 그렇다고 버리고 갈 수도, 맡길 곳도 없는 처지였다.

보은을 거쳐 황간에 이르렀을 때, 난감한 일이 벌어졌다. 대구까지 실어다 줄 화물차가 떠난다 하여 역으로 달려가 보니 소는 태울 수 없다는 것이었다. 친척들이 사람 목숨이 중하다며 버리고 가자고 잡아끌었으나 그럴 수는 없었다. 소를 버린다는 것은 외동아들 진학포기를 의미하는 일이기에.

떠나올 때 죽어도 같이 죽자던 사람들이 우리 일곱 식구를 팽개친 채 역 구내로 사라졌다. 어린 여동생들이 와락 어머니를 끌어안고 울어 댔다. 어쩌면 저럴 수가 있을까, 원망스럽기도 하고 걸어서 가야할 길이 무섭기도 했다. 나 때문인 듯싶어 볼멘소리를 했다.

"저 중학교 안 가도 좋아요. 소 버리고 기차 타요."

아버지는 말없이 소를 끌고 길을 재촉하셨다.

해는 서산에 걸려 있었고 갈 곳은 막막했다. 터덜터덜 몇 발짝 걸었나 싶었는데 멀리서 사람을 부르는 고함 소리가 들려왔다. 화물차에 올라탔던 친척들이었다. 미군 병사가 오발사고를 내는 바람에 피난민 수송이 취소되었다는 거였다. 얼굴을 못 드는 그들이 내심 고소했으나 다행이다 싶었다.

천신만고 끝에 낙동강에 이르렀다. 피난민들이 배를 타기 위해 장사진을 이루고 있었다. 밤을 꼬박 새웠으나 좀처럼 우리 차례가 닿지 않았다. 한낮이 되어서야 타는가 싶었는데 이번에는 나룻배가 부서져 움직일 수가 없다는 거였다.

할 수 없이 어른들은 인간 띠를 만들어 물길이 얕은 여울 쪽으로 건너기로 하고, 아녀자들은 마지막 한 대 남은 배가 뜰 때를 기다리기로 했다.

그런데 또 소가 문제였다. 강을 헤엄쳐 건널 만한 수영에 능한 사람이 없었다. 걱정하던 차에 옥천에서 왔다는 30대가 내가 해보겠노라고 나섰다. 사례를 두둑이 주고 일을 맡겼다. 그는 소의 코뚜레를 바짝 움켜쥐고 물길을 가로질러 무사히 강을 건너갔다. 그러나 기다리기로 한 약속을 깨고 그냥 소를 끌고 달아나버리는 것이 아닌가. 발을 동동 굴렀지만 닭 쫓던 개 지붕 쳐다보는 격이었다. 고향 근처 사람이라고 맡긴 게 잘못이었다. 소가 시야에서 사라지고 나자 이제 중학교 가기는 틀렸다는 절망감이 나를 엄습했다.

세상에 이런 기적도 있을까. 외동아들을 꼭 공부시켜야 한다는 간절한 모정母情이 하늘을 감복시켰던 것일까. 어머니께서 잃은 소를 찾아낸 것이다. 낙동강을 건넌 지 대엿새 뒤, 대구 변두리 냇가 피난민촌에서였다.

"찾았다, 찾았어!"

비명에 가까운 어머니의 외마디에 천막 안에 웅크리고 있던 식솔들이 용수철처럼 튕겨져 나왔다.

"저쪽 둑방에 우리 소가…."

더 말을 잇지 못하고 따라 오라는 손짓만 하셨다. 아버지는 '도둑놈이 순순히 내 줄 리 없다.'시며 건장한 아저씨 너덧명을 모아 몽둥이 하나씩 들게 하고 소 있는 쪽으로 조심스레 다가갔다. 꿈에도 그리던 우리 소가 초췌한 몰골을 하고 거기 서 있었다. 송아지 때부터 길러 준 주인을 알아보는 듯 빙그레 웃었다.

아니나 다를까, 슬그머니 소를 끌고 달아났던 사람이 그동안 먹여 기른 값을 달라고 오히려 큰소리를 쳤다. 하나 이쪽의 기세가 만만치 않자 슬그머니 줄행랑을 놓아 버렸다.

그 후 우리는 경산군 압량면 어느 마을에서 한 달이 넘도록 피난생활을 했다. 두어 평 헛간 방 하나를 얻어 일곱 식구가 기거했다. 아침이면 바가지 하나 들고 온 동네를 돌며 밥 한 술씩 동냥해다 입에 풀칠을 했고, 낮에는 동생과 함께 과수원을 찾아다니며 썩은 사과를 얻어다 허기진 배를 채웠다.

서울이 수복되었다는 반가운 소식이 전해지자 피난민들은 귀향준비를 서둘렀다. 쫓기듯 내려갈 때와 달리 올라가는 길은 한결 수월했다. 초여름날 정처 없는 피난길에 올랐던 우리 가족은 추석이 지난 다음에야 집으로 돌아왔다. 텅 비었던 외양간에도 주인이 들어섰다. 이후 소는 나를 중학교에 이어 고등학교도, 대학도 보내 주었다.

지난가을 세미나 참석차 중국 상해 인근의 무석에 갔을 때, 세계에서 가장 높다는 영산대불靈山大佛을 참배할 기회가 있었다. 일행 10여 명은 거대한 불상 앞 광장에서 부처님 탄생설화를 재현하는 목욕 의식을 참관하는 행운을 잡았다.

대형 스피커에서 흘러나오는 장엄한 멜로디에 맞춰 조형물 꼭대기의 연꽃이 벌어지더니 살포시 미소를 머금은 아기부처가 모습을 드러냈다.

이윽고 원을 그린 아홉 기둥 꼭대기 용의 입에서 물줄기가 뻗어 아기 부처님을 목욕시키는 장관壯觀이 연출되었다. 운집해 있던 관광객들이 머리를 숙였다. 합장을 하는 나의 마음까지 정화되는 듯했다.

그런데 참으로 이상한 일이었다. 음악에 맞추어 돌아가는 아기부처의 얼굴에 세찬 물줄기가 부서지면서 피어나는 물보라에 얼핏얼핏 스치는 환영幻影, 생뚱맞게도 옛날 피난지에서 기적적으로 해후하던 소의 은은한 미소가 연상되었으니 말이다.

착시 현상일 거라고 머리를 젓는데 이번에는 일행 몇이서 내 얼굴을 빤히 쳐다보며 '아기부처와 닮았다.'고 입을 모으는 것이 아닌가. 나는 얼토당토않다고 손사래를 치면서도 마음이 편치 않았다.

전란을 넘어 나를 공부시켜 주었던 도반道伴, 짐승과의 인연이, 알지 못하는 사이 내 얼굴 표정으로 스며든 것은 아닐까.

착각인들 어떠랴. 그렇게 믿고, 세상에서 가장 온유한 소의 웃는 얼굴을 잊지 말라는 가르침으로 새기면 되지 않겠는가.

목욕을 마친 아기부처님이 나를 향해 햇살 같은 미소를 날리고 있다.

다락방 이야기

내게는 책을 읽고 자료를 찾아 정리하는 서재 말고, 은밀한 작업실이 따로 있다.

거실에서 가파른 사닥다리 계단을 타고 올라가는 다락방인데 말이 다락방이지 안방의 두 배도 넘는 크기에, 해 뜨는 쪽으로 앞산이 손에 잡힐 듯 다가서는 베란다까지 있어, 별장 통나무집 같은 느낌이 들게 한다.

3층 건물 옥탑 부분에 있는 이 다락방에 앉아 있노라면 집안에 있으면서도 집을 떠나온 듯하고, 도회의 한복판에 있으면서도 도심을 벗어난 기분이 든다.

흠이라고 한다면 지붕 바로 밑이라 천장이 낮아, 거동에 불편이 따른다는 점이지만, 생각하기에 따라서는 매력 포인트라고도 할 수 있다. 일상의 생활 공간을 벗어난 분위기가 멋과

운치를 더해 주기 때문이다. 이 다락방에는 텔레비전도, 전화도, 라디오도 없다. 글을 쓸 때 필요로 하는 것 말고 있는 것이라고는 바둑판뿐이다. 그래선지 정신집중이 잘되는 편이다.

몇 해 전, 노후를 걱정하여 얼마간의 임대 수입을 올릴 수 있는 주상복합형 건물을 지을 적에, 이 공간은 설계 도면상으로 엉금엉금 기어다닐 정도의 누다락 자리였다. 그런데 시공을 맡았던 후배가 은근슬쩍 공간을 부풀려 넉넉한 방을 덤으로 만들어 주었다.

방에 누워 하늘의 별을 셀 수 있는 '하늘 창'은 내지 못했으나 산과 마주한 동쪽 면은 온통 유리문으로 텄다. 지붕도 아스팔트 싱글로 되었던 것을 값이 비싼 오지 기와로 변경했다. 여름에 더울 것을 염려해서였다.

새집을 지으면서 또 하나 흐뭇했던 일은, 집사람에게 얼마간 빚을 갚을 수 있었다는 사실이다. 30년 동안 재래식 부엌에서 무던히도 고생을 많이 한 아내에게 주어진 현대식 주방은, 지난 세월의 눈물 자국을 말끔히 씻어주고도 남음이 있었다. 그러나 아무리 리빙키친이 편리하다 한들 다락방을 얻은 기쁨에 견줄 수 있으랴 싶다.

한마디로 다락방은 나의 심령을 일깨우는 사색의 작은 우주이다. 가슴이 활짝 열려 잠 못 이루는 다락방의 밤, 앞산의 검은 그림자와 마주하고 보면 고향 물소리가 도란대고, 어디선가 어머니의 다듬이 소리가 환청으로 들리는 듯했다. 푸르른 달빛이 깨달음으로 다가서며, 무언가 세상에 나온 기척을 해야겠다는 조바심에 몸을 벌떡 일으키기도 했다. 그러면서 오랫동안 외면하고 살아왔던 창작 의욕이 솟구쳐 오름을 느낄 수 있었다.

나는 이 축복과도 같은 새집 다락방을 '푸른창'이라 명명하고 현판까지 각자해서 걸었다.

일찍이 시문학 쪽에 뜻을 두었다가 그 길을 가지 못하고 말았던 것은 재주도 모자란 데다 직장일에 몰두하여 잡스러운 글만 쓰다 보니 사람까지 속물이 된 탓이리라. 그래서 노상 원고지와 씨름을 하며 살아오면서도, 정작 창작의 세계와는 담을 쌓고 지내왔다는 자책감이 나로 하여금 다락방의 밤을 하얗게 밝히게 했다.

나는 한 편의 문학 작품은 만들거나 쓰는 것이 아니라, 하나의 생명을 잉태해서 탄생시키는 작업이라고 생각한다.

무엇을 보고 감명을 받았다고 해서 곧바로 작품이 되는 것이 아니고, 사과가 빨갛게 익을 때까지 기다려야 하듯, 일정 기간 뜸을 들이고 숙성을 시켜서 생산해 낼 때 비로소 생명력을 가진 작품이 될 수 있다고 말이다.

이제 뒤늦게 시작한 수필 창작, 언제부터인가 감탄과 그리움의 대상이 되어버린 산과 어떤 함수 관계가 있을까. 아마도 나의 글밭을 풍요롭게 하는 청정한 에너지가 될 것이 틀림없다. 온갖 잡초를 뽑아내고 산과 들에서 순수의 미소로 반기는 풀꽃 향기로 채우고 싶다. 비록 문학성을 평가받는 작품에 미치지 못하더라도 하나의 생명을 탄생시킨다는 치열한 자세로 임하고 싶다.

매일 아침과 휴일의 산행 길은 나의 작품을 숙성시켜 주는 과정이다. 머릿속으로 '지우고 쓰고, 쓰고 지우고' 를 반복하다가 하나의 상이 잡히면, 집으로 돌아와 창작노트에 적고 자료를 챙기게 된다. 준비는 거실 옆 서재에서 하지만 학교 도서관도 활용한다. 해묵은 신문철에서 기사를 찾아내기도 하고, 그러다가 교정 곳곳에서 마주치는 학생들과 즐겁게 나누는 대화 속에서, 아주 요긴한 모멘트를 얻을 때도 있다. 캠퍼스에서 젊은이들이 연출하는 싱그러운 분위기에 젖다보면 나이를 까맣게 잊어버리고 만다.

생활 공간 한가운데 글을 낳을 수 있는 은밀한 다락방이 있고 그리하여 창작의 기쁨이 늘 함께할 수만 있다면 내가 바랄 무엇이 더 있겠는가 싶다.

망초꽃 핀 언덕

중앙공원 은행나무 그늘에 초로初老의 남녀가 서 있다. 천천히 다가가는 나를 향해 여인이 잔잔한 미소를 보낸다. 5월의 따사로운 햇살이 축복인 양 눈부시다. 세월의 강을 건너가듯 뚜벅뚜벅 그녀 앞에 선다. 사이버 공간에 들어선 느낌이다. 너무도 변해 있을 얼굴 쪽으로 차마 시선을 주지 못하고 손을 잡는데 옆에 느껴지는 인기척, 그녀의 남편이다.

그토록 만나지 않겠다고 버티던 부인을 내 앞에 데려다 놓은 고마운 사람. 중후한 인품의 덕스러운 얼굴이다. 공손히 머리를 숙여 고마움을 표시하며 통성명을 한다.

40여 년 만의 재상봉이다.

순백의 소년 시절, 고향 마을에서 냉랭한 모습으로 멀어져 간 꿈의 표상. 가슴 깊이 간직되어 있던 그 소녀를 첫사랑이라

부를까. 아니 혼자서만 애를 태웠으니 짝사랑이라 할까. 지금 그 여인이 내 앞에 서 있다. 잊고 살아온 세월은 그렇다치고 어렵사리 전화통화까지 이루어지고도 세 해를 더 넘긴 후에야 이루어진 만남이다. 오늘을 내 인생에 다시없을 축제의 날이라 할까.

6 · 25 전란통에 북에서 피란을 왔던 소녀의 해맑은 얼굴과 가녀린 어깨선은 그 무렵 마악 사춘기에 접어들던 소년의 마음에 파문을 던졌다.

바보스럽게도 소녀 앞에서 한마디 말도 못하고 가슴만 콩콩이던 소년은 그녀가 서울로 훌쩍 떠나고 나자 강물처럼 일렁이는 그리움을 감내하지 못해 가슴앓이를 해야 했다. 소년은 동구 밖 언덕에서 먼 하늘로 떠가는 흰구름만 쳐다보곤 했다.

세월이 마구 흘렀다. 아들딸 낳아서 시집 장가 다 보내고 이마의 주름살이 훈장처럼 각인되던 이순耳順에 이르러 까맣게 타버렸던 가슴에 불씨 하나 꿈틀거렸다.

서울의 어느 예식장에서였다.

혼주인 중학 친구 부인이 넌지시 귀띔하는 말,

"아무개 아시죠? 지금 식장 안에 와 있어요."

갑자기 가슴이 두방망이질 치기 시작했다. 얼마나 고대했던 만남인가. 발길이 떼어지지가 않아 무작정 서 있기만 했다. 그러나 옛 소녀는 보이지 않았다. 서로 몰라보고 그냥 지나쳤는

지도 모를 일이었다.

사람의 마음이란 묘한 구석이 있다.

그 날 예식장에서 자연스레 마주쳤다면 다소 놀라기는 했을망정 마음의 동요는 없을 일이었다. 문제는 우연히 만날 뻔하다가 만나지 못한데다가, 중학 동창을 통해 차 한 잔의 만남을 청했다가 보기 좋게 퇴짜를 맞고 보니 슬그머니 오기가 발동하고 말았다.

늙어가는 마당에 무슨 내외냐, 잘난 체 좀 하지 마라, 하면서 바람결에 편지 한 통을 띄어 보냈더니 즉각 반응이 나타났다. 그녀에게서 전화가 걸려온 것이다.

이렇게 해서 이루어진 전화 대화가 끝도 없이 이어졌지만 그녀는 내가 한 번 만나자는 제의를 번번이 거절했다. '전화로 만나면 그만 아니냐.'는 거였다.

공교롭게도 읽어보라고 권한 피천득 수필 〈인연〉이 발목을 잡았다. "세번째는 아니 만났어야 좋았을 것이다."는 구절이 그녀의 마음을 꼭 붙잡아 맬 줄이야.

여기에 구세주처럼 나타난 사람이 그녀의 남편이었다.

그는 언짢아하기는커녕 우리들의 어린 시절 이야기를 아름답게 이해하고 아내에게 진심으로 만남을 권유해 주었다. 그래도 요지부동이었다.

남편은 내게 연민의 정을 느꼈는지 위로 편지까지 보내 주었다.

'집사람이 박 형을 만나지 않으려는 것은 다른 뜻에서가 아니라 혹여 박 형의 부인에게 상처를 입히지 않을까 하는 점이고, 두 번째는 내자가 아직도 처녀 시절의 공주병이 남아 있기 때문이니 그렇게 알고 양해해 달라.'며 오히려 자신이 더 미안해했다.

그런데 생각지도 않게 옛날 함께 거닐던 '추억의 언덕'이 우리를 불러내고야 말았다. 그녀가 그린 추억의 편린이 철옹성의 빗장을 스스로 풀게 한 것이다.

아내의 유화 전시회가 열리고 있으니 슬쩍 가보라는 전화를 받고 찾아간 인사동의 한 미술관에 그녀는 보이지 않았지만 뜻밖에도 낯익은 그림 한 점이 나를 반겼다. 거기 추억이 서린 고향의 냇가 언덕 망초밭이 되살려져 있었다. 그녀와 나만이 알고 있는 언덕이었다. 나는 한참이나 그 작품과 마주하고 서서 있었다.

청주에 오겠다는 전화가 걸려온 것은 그 사흘 뒤였다.

남편이 그림 한 점 전해주려 간다기에 자기는 망초꽃 핀 언덕이나 보려고 동행한다는 것이었다. 고집을 접은 핑계가 그럴싸했다.

신록 속으로 차를 달린다.

고향 마을(그녀로 보면 피란살이하던 곳이겠지만)도 지나고 함께 다니던 학교 앞도 지난다. 추억의 냇가 언덕은 눈을 뜨면 보이지 않고 눈을 감아야 보일 법했다.

온통 연둣빛 물감을 부어 놓은 5월의 산하는 세월의 벽을 뛰어넘어 우리들 마음을 열어주기에 충분했다. 화양동에서 선유동을 돌아나오다가 할티고개에서 차를 멈춘다. 이국적인 분위기의 찻집 손님은 세 사람뿐이었다.

2층 창가에 자리가 마련되었다. 한 잔의 커피를 앞에 놓고 신문을 뒤적이던 남자가 슬그머니 자리를 뜬다. 옛 친구들만의 대화 시간을 주려는 배려임에 틀림없다.

"역시 오길 잘했어요."

단발머리 소녀로 기억하고 있을 내게 실망을 주지 않을까 걱정이 컸던 그녀는 진심으로 반기는 모습에 무척이나 안도하는 눈치였다.

그녀의 얼굴을 바라본다. 내가 기억하고 있던 옛 모습은 물론 아니었으나 꿈이 깨진다는 생각이 들지는 않았다.

서로의 살아온 얘기를 나누면서 그녀의 맑은 영혼이 감동으로 전해오는 것을 느꼈다. 오랜 신앙생활에서 밴 사랑의 향기가 세속에 찌든 내 마음까지도 깨끗하게 헹구어 주는 듯했다.

밖을 내다보았다. 망촛대 언덕은 거기도 있었다. 우리는 시간이 멎은 그 자리에 앉아 연초록의 초원을 망연자실 내다보며 일어날 줄을 몰랐다. 나오면서 보니 '연어가 돌아올 때', 이름조차 우리의 만남을 축복해 주는 듯했다.

유화 〈망초꽃 핀 언덕〉 전달식은 아내와 친구 내외 두 쌍이 더 합석을 한 만찬석상에서 있었다. 남편이 박 형의 수필집을 감명 깊게 읽고 답례로 그린 그림이라고 소개말을 덧붙였다. 아내는 처음에 떨떠름한 표정이었으나 대화가 무르익으면서 분위기에 동화되었다. 그들 내외는 시부媤父 간병에 찌든 아내에게 진심어린 위로의 말을 건네는 자상함도 보여 주었다.

몇 순배 잔이 돌자 한 친구가 "애인끼리 함께 앉힙시다." 하며 짓궂게 나왔다. 나는 "내 애인은 이쪽인데요." 하며 아내 옆 자리를 고수하자, 또 한 차례 폭소가 물결쳤다. 새로운 인연이 시작되는 자리임이 분명했다.

집에 돌아오자 오랫동안 하고 싶었던 일 하나를 끝낸 것 같은 홀가분함이 느껴졌다.

받아 온 그림을 서재방으로 옮기던 아내가 한마디했다.

"첫사랑 타령 끝도 없이 하더니 어때요? 좋아요?"

기분이 나쁜 목소리는 아니었다.

그날 밤 잠이 든 아내 옆에서 나는 좀처럼 잠을 이룰 수가 없었다.

목성균 형에 관한 추억

수필집 한 권으로 문단에 신선한 충격을 던졌던 목성균 형이 홀연 우리 곁을 떠나갔다. 써 내는 작품마다 절창絶唱이라 수필인들로부터 사랑과 찬사를 한 몸에 받던 절정기에, "아른 아른 그리운 시절은 다 여름에 있다."하더니 여름을 눈앞에 둔 5월의 끝자락에 매달려 "해일처럼 쏟아지는 햇살" 속으로 다시 못 올 산성고개를 미련 없이 넘어가시니, 참으로 애석하고 비통하기 그지없다.

"청주에서 오셨다구요. 목성균선생을 아십니까. 어떤 분이시죠? 무얼 하던 분이시죠?"

수필집 ≪명태에 관한 추억≫이 세상에 나온 지난해 4월 이후, 전국의 작가들이 모이는 행사에 나가면 목성균 형이 흙속에 묻혀 있다가 햇빛을 본 진주가 된 듯했다. 작품이 너무 좋다며 질문 공세를 퍼붓는 통에 동향인으로서 자랑스럽기도 하고 부럽기도 했다. 그러나 불과 1년밖에 되지 않은 오늘, 그를 추억 속으로 내몰아야 한다는 엄연한 현실을 맞고 보니 망연자실할 뿐이다.

지금도 그의 홈페이지를 뜨겁게 달구고 있는 추모의 글 한 자락처럼 '오랜만에 수필다운 수필을 만난 기쁨 채 나누기도 전에 이렇게 가시고 말다니 이제 어디 가서 그 정감 넘치는 수필을 만나며, 어디서 후덕한 정인을 다시 대할 수 있을까요.' 라고 내가 절규하고 싶다.

다소 위안이 되는 것은 황망히 이승을 하직하려는 그의 손에 덥석 안겨준 제22회 현대수필문학상이라 할까. 에세이문학사가 있어 생애 종반부가 빛을 발했고, 그토록 사랑하던 아내와 자녀에게 마지막 선물을 안겨줄 수 있어 흐뭇했으리라.

목성균 형과 나와의 인연은 고교 시절로 거슬러 올라간다.

6 · 25전란 직후의 허허로운 벌판에서 문학에 눈을 뜨던 시절, 청주시내 고교생들이 연합문학동아리를 만들 때 그는 1학년, 나는 3학년이었다.(동갑나기인데 전란통에 그렇게 됐다.) 바로 1956년 5월에 창립된 '푸른문문학동호회'인데 고맙게도 오늘에까지 그 명맥이 이어지고 있다.

당시 목성균 형과 나는 서로 잘 알지 못했다. 내가 졸업을 하고 난 뒤 청주상고 2학년이던 목 형이 입회한 까닭에 직접

같이 활동할 기회가 없었기 때문이다. 하지만 내가 졸업한 후에도 선배 회원으로 참여했고 청주에서 대학생활을 하였으므로 문학행사에서 그와 가끔씩 마주친 사이였을 것이다.

훗날 들은 바로 목 형은 문예반 지도교사이던 시인 이설우 선생의 눈에 띄어 푸른문을 노크했고 이런 경력이 학도호국단 주최 전국학생문예작품공모에서 고등부 산문 1위에 입상하는 영광을 안게 했으며, 서라벌예대 문창과에 입학할 수 있었을 것으로 생각된다.

나는 학창시절 시를 공부했으나 교직에 얽매어 문단 진출은 애써 외면하고 지내다 어떤 계기가 있어 이순의 고개에 늦깎이 등단을 했다.

그 무렵 충북수필문학회에 나가 보니 어디서 많이 본 듯한 목성균 씨가 있었다. 분명 아는 이름인데 잘 기억이 나지 않았다. 그도 뒤늦게 등단한 터여서 이내 친숙한 사이가 되어 어울려 다니곤 했다. 그가 '푸른문' 후배라는 사실은 나중에 알게 되었다.

목 형은 문학단체 모임에 별로 매력을 느끼지 못하는 듯 보였다. 회원들과도 직접적인 친교활동보다는 홈피를 통한 대화에 심취, 자신이 구축한 사이버 공간에 푹 빠져 오직 집필에 전념한 듯싶다.

그와 나는 ≪수필과비평≫ 청주 모임의 일원으로 대전 · 전주 등지에서 열리는 수필세미나에 함께 다녔는데 그때마다 기사 노릇을 맡았다. 비주류非酒流여서 술 한 잔 걸치고 밤늦게 귀가할 때 우리는 목성균형이 있어 행복했다. 어쩌다 밤늦게 청주에 도착해서 뒤풀이라도 할라치면 그는 술을 입에 대지 않으면서도 뿌리치지 않았다.

목형은 과묵한 편이어서 속된 세상사 이야기에는 눈만 껌벅이며 입도 벙긋 안하지만 수필 얘기가 나오면 정곡을 찔러대곤 했다. 그는 수필에 대한 자신의 확고한 지론을 가지고 있었다.

고인을 추모하는 글에 빼놓을 수 없는 추억 한 토막이 있다. 아마 그도 혼백이 있다면 지난해 12월 5일을 잊지 못할 것이다.

한 치 앞을 내다보지 못하는 게 인간이라지만 형은 내가 지도를 맡고 있는 문화원 수필반에 초대받아 생애 처음이자 마지막인 문학수업을 했으니 짚이는 게 있었던 것일까.

텍스트로 〈기둥시계〉와 〈돼지불알〉을 그가 직접 골랐다. 대표작이라고 할 수 없지만 교재로 삼기에 적합하다는 거였다.

10여명의 주부뿐인 수강생들이 작품을 낭송하면서 킥킥거렸다. '시계불알', '돼지불알' 소리가 반복될 때마다 키드득 거렸고, '뚝-닥, 뚝-닥- 힘차게 불알을 흔들면 방귀푼어치나 뀌고 사는 양반 행차소리 같아서 안심이 되지만 뚜-우-다-악, 뚜-우-다-악 하고 사흘 굶은 남산골샌님 나막신 끄는 소리 같으면…' 하는 대목에서는 읽는 것도 중단한 채 웃음보를 터뜨리자 목선생은 기분이 썩 좋아져 보따리를 몽땅 풀어 놓았다. 신명이

난 듯 알토란 같은 체험적 수필작법을 털어놓기 시작했다.

"수필 속에 허구가 들어가면 안 된다고 하지만 뼈대가 바르면 조미료를 치듯 또 간을 맞추듯이 들어가도 된다."라는 지론을 편 후 "독자에게 감동을 주려면 자기의 끼를 발산하려는 노력을 치열하게 해야 한다." 고 덧붙이고 책을 많이 읽는 것도 중요하지만 어떤 책을 어떻게 읽느냐가 더 중요하다고 강조했다. 또 수필이 단순한 신변잡기에서 벗어나려면 역시 문학성이 강해야 한다는 것, 진솔해야 한다는 것, 주제를 형상화할 때 오랫동안 머릿속에서 다듬고 농축시켜야 한다는 것 등 약 30여 분 동안 열강했다. 고인의 수필작법을 녹음해 놓지 못한 것이 아쉽다.

장례를 모신 열흘쯤 뒤, 나는 고인과 연관하여 두 가지 우편물을 한꺼번에 받았다.

추모의 글을 써 달라는 원고 청탁서와 함께 받은 다른 하나는 손수운전을 하다 무인단속 장비에 걸려 나온 관할 경찰서의 통지서였다.

난생처음 교통법규위반 통보를 받고 나는 펄쩍 뛰었다. 도대체 거북이 운전을 한다고 핀잔만 듣고 사는 내가 과속이라니 수긍할 수가 없었다. 이건 무인단속카메라가 오작동을 일으킨 것이 분명했다. 벌점 15점에 벌금 7만 원이라니 도저히 받아들일 수가 없었다.

그러나, 그 곳에 찍힌 위반일시와 장소를 확인하고 나자 잘못이 탄로난 사람처럼 얼굴이 화끈해졌다. 바로 목성균 형이 한줌 흙으로 돌아가던 2004년 5월 29일 오전 11시, 장지葬地인 청주 월오동 목련공원 그 앞 도로였으니 말이다.

마악 하관의식을 시작할 무렵 걸려온 한 통의 손전화는 나를 그 곳에 더 이상 머무를 수 없게 만들었고 할 수 없이 무단조퇴하는 학생처럼 가슴을 벌렁거리며 살짝 빠져 나오다가 감시카메라에 걸렸으니 무슨 할 말이 있겠는가. 범칙금 내라는 통지서는 경찰서에서 보내온 것이 아니었다. 쫓기듯 허둥대며 살고 있는 내게 보낸 목성균 형의 우정 어린 경고 메시지인 셈이었다.

'박 형, 똥싼 주제에 매화타령하는 격이지만 말이요. 욕심 같은 거 내던지고 느긋하게 살아요. 조심해서 다니라구요.'

오래 산다는 것보다 무얼 남기고 가느냐가 중요한 세상사에서 형께서는 우리 문단에 오래도록 기억될 수필 몇 편 남겼으니 행복한 인생이라 할 만하오. 영원한 구도자求道者 목성균 형이시여, 하늘나라에서 편히 쉬구려.

내 영혼의 닻을 내릴 수필산
- 가상 유언장

사랑하는 아들, 딸들아.

나는 10대 독자 외아들로 태어나서 너희 3남매를 두었으니 축복받은 인생이었다. 산을 오를 수 있어 즐거웠고 수필을 벗 삼아 행복했다. 이제 내 영혼은 아침마다 즐겨 찾던 산에 닻을 내릴 것이다. 그 산을 '수필산'이라 부르리라.

큰애야, 애비가 이승에서 누린 가장 기쁜 날이 언제인 줄 아느냐. 바로 네가 태어나던 날이다. 사내아이 울음소리가 새벽의 적막을 가르던 순간, 나는 가문 존속의 사명을 완수해냈다는 안도감에 젖어 동터오는 들녘을 정신나간 사람처럼 내달렸다.

둘째가 세상에 나오던 날도 잊지 못한다. 수백 년 기구하게 이어지던 독자 가문에 새로운 역사가 시작되는 벅찬 감격에 젖어 감사한 마음으로 살자, 큰 은혜에 보답하는 자세로 살자고 다짐하고 또 다짐했었다.

하나, 생의 끝자락에서 지난날을 되돌아보니 남에게 도움을 주기는커녕 오히려 많은 은혜를 입고서도 보답을 못하고 간다는 회한이 가슴을 저미는구나.

나를 가덕공원묘지의 4기단, 할머니가 잠드신 바로 옆자리에 묻어다오. 두어 평의 좁은 공간이지만 오래 전에 마련해 두었었다. 나중에 어머니도 함께 묻힐 자리이다.

내 손으로 차마 어쩌지 못했다.

고향의 다섯 마지기의 논을 처분해서 여러 곳에 산재해 있는 20여 기 조상의 유택을 한곳으로 모으고자 했던 일, 내가 하지 못하고 너희들에게 넘긴다. 이리도 빨리 작별의 시간이 닥칠 줄은 몰랐구나.

할아버지께서 머슴살이도 마다않으시며 피와 땀으로 일구신 종토宗土와도 같은 땅, 내 손으로는 팔지 못했다. 이제 너희들이 처분해서 어디 산 한 자락 장만하여 한곳으로 모시거라. 가족묘도 좋고 납골당도 괜찮다. 그 때 이 애비도 함께 옮기거라. 이제 너희들 몫이다. 너희들 방식대로 해라.

사랑하는 아들아, 딸아!

나는 외아들이라는 태생적인 멍에에 얽매어 핏줄에 집착해 왔다만 너희들은 그럴 필요가 없다. 발상과 사고를 전환하고 마음을 열어라. 인연이 닿으면 이웃도 사촌이 되고 뜻이 통하면 누구와도 형제의 우애를 가꿀 수가 있다. 인연은 소중한 것이다. 내게 그리운 것은 모두 문화원에 있다. 문우文友도, 산우山友도, 선배도, 후배도 거기 다 있다. 이들의 뜨거운 성원이 있어 내 인생의 마지막이 참으로 행복했다. 보람스러웠다.

애비를 사랑해 주셨던 그 분들을 기억해 다오. 그리고 애비가 했던 고향사랑 문화운동에 너희들도 관심을 가지고 참여해 주었으면 한다. 청주가 아니라도 괜찮다. 천안이든, 서울이든 나눌 수 있는 삶을 그 곳에서 실천하거라.

한 가지 덧붙일 말이 있다.

너희들에게 어머니와 내가 한 번도 다툰 일 없이 살았다는 것, 믿음을 가지고 살았다는 것을 평범한 대로 남기고자 한다. 어머니를 만난 건 내 인생의 가장 큰 행운이었다. 다시 태어나도 나는 네 어머니를 찾을 것이다. 여생을 잘 모시거라.

사랑하는 아들아, 딸아!

깊은 산속 옹달샘 맑은 물에 비친 나의 마음을 떠다 그리운 이들을 적시고 원고지 위에 만년필을 달렸다.

봄에 움이 터 푸른 세상 만들다가, 빈손에 알몸이 되어 눈보라의 매서운 꾸짖음도 달게 받는 나목裸木의 섭리를 향기로 전하고 싶어 글을 썼다.

그러나 너희들에게 수필산을 오르라 말하지는 않겠다. 어느 산이든 너희가 원하는 산을 올라라. 산에 올라 산이 주는 넉넉함을 삶을 지혜로 가꾸도록 하라. 눈 덮인 겨울산을 찾아 겸허를 배우라. 아름답고 진실되게 살라는 산이 전하는 말을 경청하거라.

애비야, 에미야.

나 이제 산으로 가서 산을 지키는 한 그루 나무에 내 영혼의 닻을 내리리라. 아름다운 수필산에서 영원을 노래하리라.

(2004. 1)

마음 비우기

단풍이 온 산야를 장악한 늦은 가을, 산맥을 타고 넘어오는 바람의 향내를 맡으며 능선길을 오르노라면 저만큼 하늘 뜨락이 손에 닿을 듯합니다.

몸에 불이 붙었나 보지요, 산이 마구 몸을 흔들어 댑니다. 봄을 잉태한 낙엽들의 하강곡선이 충만한 감동으로 가슴에 닿습니다.

속리산 영봉 뒤편에 있는 조항산은 산 어귀에 있는 6백 년 묵은 왕소나무의 용틀임부터 신비스런 느낌을 주더니, 사람의 발길이 닿지 않은 듯 한 좁은 등산로 옆으로 황톳빛 물이 오른 소나무와 산죽군락이 펼쳐지다가 숨이 막힐 듯 가파른 암능 구간도 있어서 등산의 묘미가 일품이었습니다.

9백여 미터의 정상까지 오르느라 흘린 땀만큼이나 벅찬 희열이 거기에 있었습니다. 사방을 둘러싼 높고 낮은 산맥줄기, 멀리 속리산 영봉의 파노라마, 대야산, 청화산의 활활 불타는 단풍이 어우러져 마치 단풍 바다 위에 떠 있는 한 척의 배 위에 앉아 있는 기분이 들게 했습니다. 굴참나무 그늘 아늑한 분지에 배낭을 풀고 차린 산벗들의 도시락 점심상에는 막걸리 한 잔도 있어 피로를 말끔히 씻어 주었습니다. 점심을 들고 나서 낙엽이 수북이 쌓인 나무 밑에 누워 잠시 휴식을 취하는 사이 그만 깜박 잠이 들어 버렸습니다.

인적이 끊긴 깊은 산, 매서운 겨울 바람이 내 몸을 회초리질 합니다.

너무도 무섭고 외로워서 소리를 지르려는데 이게 웬일입니까. 입이 떨어지지가 않았습니다. 아, 내가 죽어서 한 그루 나무가 되어 있는 겁니다.

생전에 큰 덕을 쌓으면 산신령이 된다는데 나는 덕은 커녕 잘못을 많이 저질렀나 봅니다. 황톳빛 찬란한 소나무도 되지 못하고 산비탈을 지탱하고 선 낙엽송이 되고 만 겁니다. 울컥 고생만 시킨 아내와 아이들 생각이 간절합니다.

그때 저만큼 산 밑에서 올라오고 있는 사람들이 보입니다. 점점 가까워지는 두 사람, 아, 내가 그리도 보고 싶어 하던 아들과 손자입니다. 그런데 안타깝게도 녀석들이 나를 몰라보고 그냥 지나쳐 갑니다. 손을 내젓고 소리를 쳐도 소용없는 일입니다. 어느 순간 올라가던 손자녀석이 되돌아서더니 몇 발짝 내려와 나무가 된 나를 끌어안고 소리칩니다. 메아리가 찌렁 찌렁 울려 퍼집니다.

'할 · 아 · 버 · 지!, 아빠, 이 나무가 할아버지 품속처럼 따뜻해요.'

손자녀석은 금방 세수를 하고 난 듯한 풋풋한 얼굴로 내 볼을 비벼댑니다. 녀석 애비도 내 몸에 돋은 바늘잎들을 문질러 댑니다. 나는 숨이 막힐 듯 감격해서 헉헉거리다가 그만 엉엉 소리 내어 울고 말았습니다.

누가 나를 흔들어 깨웁니다. 눈을 뜨니 꿈을 꾼 겁니다.

"산에 와서 웬 잠꼬대를 하는 거여?"

"지옥 구경이라도 하고 온 거여?"

웃음기 서린 산벗들의 얼굴에도 단풍이 빠알갛게 물들어 있었습니다.

내겐 아직도 떨구어 낼 미련들이 많이 남아 있었나 보지요. 낙엽에 묻혀 가 본 꿈길의 저편, 인생의 유한함에 대한 깨달음이요, 깨우침이었습니다.

내 영혼의 영원한 기항지가 산이었으면 좋겠습니다.

이왕이면 산비탈 말고 작은 봉우리라도 지키는 나무가 되었으면 좋겠습니다.

3부

동병상련

나는 말 못할 고민 하나를 안고 산다. 코를 고는 버릇이다. 잠자리의 환경과 컨디션에 따라 다르기는 하나, 여행길에 술이라도 한잔 걸치고 난 날이면 옆 사람까지 잠을 못 자게 만든다.

어렸을 때. 아버지의 코 고는 소리가 공부에 방해가 된다고 볼멘소리를 하면 어머니께서는 "아이구, 철부지야. 얼마나 고단하시면 코를 고시겠느냐."시며, "나는 옆에서 코고는 소리가 들려야 마음이 놓여서 잠이 온다.'고까지 하셨다.

이런 연유로 근면성실한 사람의 징표 같은 게 코골이라고 생각해 왔지만 중년기에 찾아온 코골이가 성인병을 알리는 적신호요, 무호흡 증세의 원인이 되고 있음을 알고부터 골칫거리가 된 것이다.

주변에 수술을 받은 친구도 있으나 내가 찾아간 전문의專門醫

는 부작용이 따를 수 있는 수술보다는 그 원인이 되고 있는 고혈압과 비만치료가 근본적인 해결방법이라고 했다. 혈압을 내리고 체중을 줄이면 코골이는 덤으로 치유될 수 있다는 진단인데 어디 그게 쉬운 일인가. 아침마다 등산을 하며 땀을 흘려도 체중은 요지부동인 것을.

코골이도 대물림인가. 큰애와 갓 결혼한 둘째녀석 내외가 집에 오면 3부자가 팀을 이루어 시합(?)을 벌인다. 안방, 건넌방, 서재방에서 3중주가 펼쳐지는 것이다. 애비를 빼어 닮은 아들 형제 때문에 며느리들 보기가 민망스럽기 그지없다.

아침식탁에서 "새아가, 잠자리가 시끄럽지? 너도 그 소리에 익숙해져야 우리 가족이 되는 거야." 했더니 대답이 걸작이다.

"아버님 어머님께서는 바이올린과 첼로처럼 화음이 잘되는데요, 저이가 팀파니 소리를 내거든요. 제가 어떻게 화음을 맞출까 그게 걱정이에요."

올해는 역마살이 단단히 낀 해인 듯, 네 차례, 한 달 가까운 해외 나들이를 했다. 역시 코골이가 문제였다.

결혼 40주년 기념 중국 장가계 여행은 아내와 함께 갔고, 만주땅 고구려 유적답사 때는 인솔자 명목으로 독방을 주는 바람에 잘 넘어갔다. 또 15일 간 터키여행에는 흉허물 없는 후배와 한방을 써서 별 탈이 없었다.

그러나 러시아 5박 6일 연수가 문제였다. 전국 문화원에서 온 20명이 대부분 얼굴만 아는 사이라 섣불리 속내를 드러내기도 쉽지가 않았다. 난감한 생각이 들었으나 그냥 부딪쳐 볼 수밖에 없는 노릇이었다. 다행스럽게도 연배인 전남의 S원장이 룸메이트였다.

모스크바의 첫날 밤, 호텔로비에서 그의 눈치를 살피는데 이게 웬일, '원고를 정리할 게 있어 별도로 방을 하나 얻었으니 혼자 쓰라.'는 거였다. 이런 경우를 불감청不敢請이언정 고소원固所願이라 할까. 안도의 한숨을 몰아쉬며 속으로 쾌재를 불렀다. 그런데 문제는 상트 페테르부르크에서 터졌다. 밤늦게 도착하여 방 하나를 더 얻지 못하는 바람에 공포의 밤을 맞게 된 것이다.

적과의 동침(?)이랄까. 긴장을 늦추지 않으면서 먼저 운을 떼었다.

"제가 코를 좀 고는 편인데요…."

누워 있던 S원장이 벌떡 일어나며,

"아, 그래요. 나도 마찬가진디요. 어디 우리 한 번 시합 좀 해봅시다요."

그와 되도록 멀리 떨어진 방향에 머리를 두기 위해 침대에 익숙지 않다는 핑계를 대며 방바닥에 자리를 폈다. 누가 더 오래 버티느냐, 카운트다운이 시작되었다. 내가 이겼다. 경쟁자가 먼저 녹아 떨어져 코를 골기 시작한 것이다.

그의 경천동지驚天動地할 다이나믹한 코골이를 필설로 어찌 표현하랴. 백야白夜에 가까운 상트 페테르부르크의 짧은 밤을 하얗게 지새우고 말았다. 그가 방을 따로 얻은 이유를 알고도 남음이 있었다.

새벽녘에 잠시 눈을 붙이고 난 내게 S원장이 환한 웃음을 날리며,

"박원장도 코 많이 고시는구만요."

적반하장도 유분수였다.

다음날엔 눈치를 볼 필요도, 시합을 벌일 일도 없어져 버렸다. 이 날 우리의 굉음에 가까운 코골이 이중주에 시베리아 마고할미도 바이칼 호수쯤으로 도망가지 않았을까.

이틀 밤을 함께 자고, 우리는 뜻이 잘 통하는 단짝 사이가 되어 버렸다. 그는 인천공항을 빠져나오며, 내게 보드카 한 병을 선물로 내밀었다.

"앞으로도 꼭 한방을 쓰자고요."

벌침그라

산이 높으면 거느린 계곡이 깊고 넉넉하다. 골짜기를 덮은 나무들이 빗물을 품었다가 토해 낸 계류溪流는 더없이 청아하다.

높은 산만 골라 오르며, 중도에서 내려오는 사람들을 중턱파니, 문턱파니 하던 때가 있었다. 맨 꼭대기를 먼저 밟으려 다투고, 야호식式이니, 정상주頂上酒니 우쭐대며 산 아래를 내려다보던 시절이 있었다.

그러나 세월을 어쩌란 말이냐. 지천명에 의기투합했던 산벗들은 망칠望七고개에서 정상만 고집하던 그 호연지기는 거추장스럽다는 듯, 낮은 산을 탐하며 고개를 숙이기 시작했다. 대야산大耶山 중턱에 여름 피서지가 생겨난 것은 바로 그 무렵이다.

백두대간이 속리산 영봉에 이어지는 건널목 같은 대야산은 9백여 m의 높이인데도 계곡이 깊고 품이 넓어 우리 산우회山

友會에서 지킴이 노릇을 하며 시산제始山祭까지 지내는 산이다.

등산로로 접어들어 한 시간쯤 올라가면 닿을 수 있는 이 아지트는 사람들이 붐비는 경북 가은의 용추 쪽과 달리 인적이 뜸한 충북 괴산의 농바윗골 심연의 호젓한 계곡에 있다.

무덥던 여름날, 등산로를 벗어났던 한 대원에 의해 발견된 이곳은 촘촘한 나무숲에 가려져, 태곳적 신비가 느껴지는 곳이다. 물줄기 양 옆으로 바위가 군락을 이룬데다 작은 폭포에서 떨어지는 용소龍沼의 물은 얼음장처럼 차가워 우리들을 첫눈에 사로잡았다. 지공파地空派들이 털썩 주저앉으며 대는 핑계가 그럴싸했다.

'정상을 밟아야 산행의 절정을 맛볼 수 있는 건 아니지.'

'속살을 드러낸 깊숙한 곳에 산의 정기가 모여 있는 거야.'

넘어진 김에 쉬어가는 격이 되었다. 산속에서 물놀이를 하는 재미가 솔솔 났다. 너럭바위 밑에 창고도 생겨 취사도구에 바둑판까지 감추어 놓고 다녔다. 모두들 환경오염에는 무척이나 신경들을 썼다.

한 시간 산행에 직성이 풀리지 않는 대원들은 배낭을 내려놓고 중대봉이나 밀재까지 더 올라간다. 그 사이 당번 대원이 먹을거리를 준비한다. 된장국이나 떡라면이 보통이지만 복날에는 삼계탕 특식도 마련된다. 약초를 캐거나 산나물을 뜯어오는 산벗도 있다. 신선놀음에는 막걸리가 제격이다. 점심을 마치고 나면 독서삼매경에 빠지거나 폭포수에서 물세례를 받기도 하고, 바위 위에서 전라남도全裸男圖가 되어 거풍擧風을 즐기기도 한다. 대자연의 품속에는 무한 에너지가 저장되어 있다. 우리들은 그 자연에 동화되어 삶의 활력소를 받아오곤 한다.

장맛비가 그치고 불볕더위가 기승을 부리던 지난 초복날, 올 시즌 첫 대야산 물놀이를 나섰다가 낭패를 당했다. 하필이면 자랑삼아 신참으로 후배 한 사람까지 동반한데다 내가 먹을거리 당번을 맡았던 날, 뜻밖의 문제가 터진 것이다. 바위 사이 천연 아궁이에 삼계탕 솥을 올려놓고 마악 불을 붙이려다 보니, 성냥이 없지 않은가.

되짚어 마을까지 다녀오려면 족히 두어 시간은 걸릴 일이었다. 설마한들 일행 중 한 사람쯤은 불씨가 있겠지 싶어 사방으로 흩어진 대원들이 돌아오기를 기다렸으나 설마가 사람을 잡았다. 등산로에 나가 목을 지켜보아도 그날따라 올라오는 사람이 보이지 않았다. 솥에 벌렁 나자빠진 중닭이 고소해 할 일이었다. 난감했다. 그 때 누군가가 프로메테우스처럼 소리쳤다.

"옛날식으로 불씨를 만들어 보자구. 원시 시대로 돌아가 보는 거야!"

귀가 번쩍 뜨였다. 때 아닌 인공발화법이 처절하게 재현되기 시작했다. 대원들은 마른나무와 나무를 마찰시키기도 하고, 물가에서 차돌을 찾아내 부싯돌로 튕겨 보기도 했지만 장맛비에 눅눅해져 있는 물체에서 불을 일으키기란 쉬운 일이 아니었다.

해는 중천을 넘어 서고, 뱃속에서 꼬르륵 하는 소리가 날 무렵, 누군가가 구세주인 양 새로운 제안을 외쳐댔다.

'자연으로 돌아가자!'

머리가 하얗게 센 김 선배였다.

울며 겨자먹기식 원시문화체험 행사가 계속되었다. 후식으로 준비해 간 과일과 야채류를 안주삼아 돌리는 막걸리 잔은 너무도 쉽게 바닥이 났다. 삼계탕에 넣으려던 수삼, 밤, 대추, 찹쌀이 순식간에 동이 났다. 중닭은 천덕꾸러기가 되어버렸다. 생애 최초가 될 생식파티를 마치고 시리도록 찬 계류를 떠서 만든 냉커피가 돌자 누군가 한 마디 던졌다.

"산삼 썩은 물로 차를 빚었으니 이게 정력제 아니겠어요?"

산허리에 구름이 길게 누워 있다. 일행은 이윽고 여름나기 의식儀式에 몰입했다. 따가운 햇볕을 온몸으로 마주하는 거풍파擧風派, 폭포수 물벼락을 맞는 득도파得道派, 나무그늘 밑 오수파午睡派, 등 제각각의 포즈를 취하고 참선參禪의 경지에 빠져 들었다. 나와 신참은 바둑 한 수 즐긴 후 돌베개에 머리를 얹고 오수파에 합류했다.

얼마나 지났을까. 팬티차림으로 옆에서 코를 골던 신참이 슬그머니 일어나 숲속으로 사라졌다. 배에 손을 얹고 가는 폼이 배탈이 난 듯했다. 한참 만에 그는 끙끙대며 돌아왔다. 의아해 하자, 재수 없게도 땅벌집 위에다 일을 보다가 봉침蜂針세례를 맞았다는 것이다. 사타구니를 움켜쥐고 오만상을 찌푸리는 그의 거동에 폭소가 터질 뻔했지만 누룩 디디듯 꾹 참았다. 모든 것이 나로 인해 일어난 사단 아닌가. 신참은 내려오는 동안 뒤뚱뒤뚱 거위걸음을 흉내냈다. 일행들이 웃음을 참느라 쿡쿡거렸다.

이튿날, 아침부터 전화벨 소리가 요란했다. 어제 벌에 쏘였던 그였다. 가슴이 철렁 내려앉았다.

"무슨 일이야? 병이 났어?"

다그쳐 묻는 말에는 대꾸도 않더니 생뚱맞은 부탁을 해 오는 것이 아닌가.

"거기 오늘도 가면 안돼요? 집사람이 자고 나더니 벌침이 몸에 좋은가 보대요. 또 맞고 오라잖아요, 힛힛…."

전화선을 타고 들려오는 희열에 찬 후배의 한 마디를 듣는 순간, 때 묻지 않은 대자연 속에는 분명 신비스런 그 무엇이 들어있음이 틀림없을 것 같다는 생각이 긴 여운을 남겼다.

여자 이름 잘 외는 남자

나는 무얼 외워서 머릿속에 담아두는 능력이 시원치 않다. 애송시는 많아도 제대로 암송할 수 있는 시가 별로 없고, 즐겨 부르는 노래는 있어도 가사를 끝까지 외울 수 있는 건 몇 자락 되지 못한다.

그 중에도 숫자에 대한 감각이 아둔해서 전화를 걸 때는 노상 수첩신세를 져야 한다. 상상력의 힘을 빌려 입력된 건 몇 개 있다. 일테면 내 승용차 넘버가 '31 더 6434'인데 이걸 '3·1 정신으로 더불어 사는 육군사관학교 34기'로, 전화번호 중 '3382'는 '쌍쌍파티', '2875'는 '이빨치료'로 기억을 한다.

이런 내가 남보다 잘 외는 게 딱 한 가지 있다. 여자 이름이다. 첫눈에 호감을 느끼는 여성이면 한번 듣고도 머리에 입력이 되고, 이런 저런 모임에서 만나는 여성, 친구 부인들 이름까지 두어 번 들으면 웬만큼 기억을 한다.

"내가 이름을 불러 주었을 때 그는 내게 와서 꽃이 되었다." 하는 시구처럼 여성들이 은근히 다가오기를 기다리는 잠재의식 때문인가, 아니면 내가 여성숭배론자인가. 그렇지는 않다. 여기에는 사연이 좀 있다.

군에서 제대를 하고 여자중학교 국어교사로 발령을 받았다. 2학년 담임을 맡았는데 갑자기 떠나간 전 담임을 못 잊어 하는 학생들이 도무지 마음을 열어주지 않아 속을 태웠다. 군대식으로 기합도 주면서 서툴게 다루다보니 학생들의 집단 반발을 산 것이다.

남몰래 고심하던 어느 날, '학생들 이름을 외워서 불러줘 보라.'는 선배 교사의 충고 한마디가 귀에 쏙 들어와 그날로 출석부의 이름을 외우기 시작했다. 수업이 없는 시간에 학교 뒷산 숲으로 들어가 아카시 향내를 맡으며 소리 높여 학생들의 이름을 불러댔다. 조치훈은 목숨을 걸고 바둑을 두었다지만 나는 어렵게 잡은 직장을 걸고 학생들의 이름을 암기했다.

예나 지금이나 아둔하기만 한 내 머리지만 죽기 살기로 외워대는 데 어찌 입력되지 않고 배기겠는가. 불과 일주일 만에 60여 명 학생들 이름은 물론 출석부 번호까지 암기하는 대기록을 수립할 수 있었다.

여학생들 이름 외우는 일이 생각했던 것처럼 어렵지는 않았다.

그때만 해도 이름의 끝자가 십중팔구 자희순숙子姬順淑인데다가 한 사람 한 사람 얼굴의 특징을 떠올리면서 외다보니 의외로 쉬운 구석이 있었다.

이름을 기억하고 불러준다는 것, 마음을 트는 첫 관문이었다. 학생들의 반응이 이내 나타나기 시작했다. 마치 겨우내 움츠리고 있던 나무들이 봄을 맞아 무수한 이파리가 돋아나듯 사제간의 정도 신록처럼 푸르러 갔다. 그러나 이듬해 봄, 그 학교를 떠나오고 말았는데 나의 갑작스런 전근 소식이 알려지던 날 학생들이 교장실로 몰려가 항의 소동을 빚고, 눈물로써 내 옷자락을 붙잡은 것도 어쩌면 그녀들 이름을 잘 왼 덕분일 듯도 싶다.

어느 해 5월, 꿈길에서도 기다리던 옛 소녀들로부터 초대장이 날아들었다. 서울 한강변의 한 호텔에 마련된 만남의 자리, 거기에는 옛 단발머리 소녀들이 대학생 자녀를 둔 엄마들로 변해 있었지만 알아볼 만은 했다. 입구에서부터 이산가족 상봉장 같은 감격적인 해후가 이루어졌다.

"선생님, 저 알아보시겠어요? 제 이름 기억나세요?"

낯설기만 한 중년 여인을 빤히 올려다보던 내 입에서 녹음기인 양 출석부 번호까지 튀어 나왔다.

"58번 최순희 맞지?"

그녀는 나를 붙잡고 방방 뛰었다.

바로 옆에 있던 여인들도 시야에 들어왔다. '경숙이, 춘희, 동숙이…' 하나 하나 이름을 불러주자 탄성이 터져 나왔다. 그 날 참석한 50여 제자들과 선생님들은 세월의 벽을 훌쩍 넘어 신록의 교정으로 돌아간 듯 마음껏 회포를 풀었다.

제자들 이름을 잘 기억한 덕을 톡톡히 보았다. 그동안 누구 엄마, 아줌마로만 불러주는데 익숙해 있던 중년 아줌마들은 이름을 기억하고 불러주는 나로 인하여 옛날로 돌아간 듯하다며 안부전화까지 끊이지 않고 있다. 내가 첫 수필집을 내던 날 그녀들이 보낸 꽃다발이 단상 맨 앞을 장식해 주기도 했다.

이 여자 이름 잘 외는 재주(?)는 문화원에 와서 더욱 빛을 발하고 있다. '암탉이 울어야 문화원이 흥한다.'는 말이 나올 정도로 주부회원층 확보와 관리가 매우 중요한 평생교육현장에서, 내가 한번 듣고도 이름을 암기하고 거침없이 불러주는 여성 이름 잘 외는 남자로 뜨고 보니, 고기가 물을 만난 격이라 할까. "이름을 불러 주었을 때 내게로 와서 꽃이 되었다."는 아무래도 나를 두고 지은 시 같다.

‘영수’라는 이름

간밤 꿈자리가 뒤숭숭하던 어느 날 아침, 버릇처럼 조간 신문을 뒤적이다가 부음란訃音欄에 ‘박영수씨 별세’ 기사를 접하고 소스라치게 놀랐다.

‘어? 내가 죽어’

눈을 동그랗게 떴으나 이내 동명이인同名異人임을 알고 나자 쓴웃음이 절로 나왔다. 알프레드 노벨은 신문의 오보로 인해 살아서 자신의 부음 기사를 미리 보았기 때문에 전재산을 던져 노벨상을 만들었다던가.

사람이 이 세상에 태어나면 제일 먼저 주어지는 것이 이름이다. 그 이름에는 생명을 주신 부모님의 축복과 기원이 담겨져 있으며, 어떤 형태로든 사람의 한평생에 영향을 주게 마련이다. 호랑이는 죽어서 가죽을 남기고 사람은 죽어서 이름을 남긴다는 옛말과 같이 사람들은 자신의 이름을 지키고, 남기기 위해서 일생을 바친다.

손 귀한 집안에 태어난 나는 아버지께서 알고 계시던 사람 중에 가장 학식이 높았던 동네 한문 선생에게 작명을 부탁하여 길 영永자에 물가 수洙자를 골라 영수라는 이름이 붙여졌다. 평범한 대로 무병장수할 수 있다는 이름풀이를 듣고 어머니께서는 알곡 한 말을 이어다가 바치는 정성까지 기울였다고 했다.

어렸을 때 나는 '영수'가 아닌 '이응수'로 불려졌다. 원래 길 영永자의 발음이 영과 융의 중간음 정도여서 이응수, 융수하고 부르는 바람에 또래 녀석들의 놀림감이 된 적도 있다.

'천안 삼거리 흥, 융수(능수)야 버들아 흥, 척 늘어졌구나 흥' 하고.

해방 직후 한글을 가르치는 새 국어교과서가 나온 초등학교 시절엔 사정이 좀 달라졌다. 첫 단원에 내 이름이 나오는 바람에 친구들의 부러움까지 샀다. 그런데 나오기는 해도 철수, 영이, 바둑이 다 나온 다음에 엑스트라로 등장하고 있어서 '영수'는 주인공은 못되고 뒷전만 지키는 아웃사이더 같은 생각이 들었다. 내 자의식 속에 영향을 주었을 법한 일이다.

영어를 배우는 중학교에 가서 사정은 또 달라졌다. 부모님께서 영어 · 수학을 잘하라는 채찍의 뜻으로 지어주셨나 싶었는데 정반대 현상이 일어나고 말았다. 오히려 영어 · 수학에 취미를 붙이지 못하는 내가 되었으니 말이다. 그러니까 '영수'가 영어·수학과는 전혀 관계가 없다는 것이 이내 드러나고 말았다.

인간만사 새옹지마라 했던가. 나이를 실제보다 더 높이고 싶었던 청장년 시절에는 초등학교 교과서에 나오는 이름 때문에 손해를 보는 듯 했으나, 50 고개를 넘고 나니 반대로 어린 이미지가 풍기는 영수라는 이름을 가진 덕을 보는 듯도 했다.

이름에 얽힌 사연은 또 있다. 딸이 골라잡은 사위 이름이 나와 똑같은 '영수(김영수)'이니 말이다.

"아빠와 이름이 똑같다는 사실이 운명의 끈인 양 잡아당기지 뭐예요."

애비 이름이 딸의 천생배필을 골라 준 셈인가. 그러나 정작 오묘한 내 이름의 뜻을 깨우친 지는 오래되지않는다.

늦깎이로 문단에 명함을 내민 얼마 뒤 과분하게도 신곡문학상을 받던 날 이야기다. 수상자석에 앉아 내 앞에 놓여 있던 명패를 물끄러미 바라보다가 소스라쳐 놀랐다. '영수'라는 이름에 어쩔 수 없이 내가 가야 할 인생의 좌표가 깃들어 있다는 생각이 들었던 것이다.

'너는 딴생각 하지 말고 영-영원히, 수-수필이나 써라!' 하는 이름이 아닌가.

나는 답사 순서에 명패를 들고 나가 박력 있게, 영원히, 수필만 쓰는 '박영수'가 되겠다고 하는 이름풀이로 수상소감을 대신했다. 장내가 웃음바다가 되면서 박수갈채가 터졌다.

모든 게 생각하기 나름이다. 그렇게 믿고 노력을 하면 운명도 그렇게 바뀔 수 있는 것이다. 아무리 흔한 이름이라도 그 이름에는 가르침이 깃들어 있고 삶의 푯대가 담겨 있는 것이 아닐까. 문제는 그 뜻을 깨우치고 어떻게 실천하느냐에 달려 있는 것이리라.

나는 이른바 성명철학 같은 것은 잘 모른다. 획수로 따져서 초년 운運이 어떻고 말년 운이 어떻고 하는 작명가들의 이야기를 귀담아 듣지 않는다. 그러나 분명 사람의 이름에는 함축된 의미가 깃들어 있다고 생각한다.

나는 '영수'라는 이름이 부끄럽지 않은 사람이 되고 싶다. 훌륭한 작품은 남기지 못하더라도 수필을 사랑했던 사람으로 오래 기억에 남는 사람이 되고 싶다.

남아프리카로 간 존 웨인

나는 가끔씩 결혼식 주례를 맡아주고 있다.

주례청탁을 많이 받을 만한 처지도 아니지만 모처럼의 주말 등산을 거르기 싫어 내 쪽에서 되도록 피하고 있는데, 그러나 어쩔 수 없는 경우도 있다. 단골로 찾아가던 칵테일 바의 바텐더 K군의 경우이다.

우락부락한 인상은 아니나 여유만만한 구석이 믿음직스러워 '존 웨인'이란 닉네임까지 붙여 주었던 청년이 어느 날 뜻밖에도 주례를 부탁해 왔다. 물론 학창시절의 은사님을 찾아보라며 점잖게 거절을 했으나 한 치의 물러섬도 없었다. 슬그머니 화가 치밀어, "솔직히 말하자면 젊은이에 대해서 내가 아는 게 없어서 그러네. 달리 찾아보게."하며 일어섰으나 막무가내였다.

사정을 들어보니 그는 고향 광주를 떠나 온 외톨이로, 선배를 도와 잠시 아르바이트를 하고 있던 처지인데다 약혼녀마저 얼마 전에 아버님을 여읜 탓에 부탁 드릴 만한 마땅한 어른이 없노라는 거였다.

듣고 보니 사정이 딱한 듯하여 맡긴 했으나 주례사가 문제였다. 마땅히 해 줄 얘기가 떠오르지 않았다. 의례적인 얘기는 애시당초 하고 싶지 않았고 두 사람에게 꼭 맞는 덕담을 들려주어야 하겠는데 그게 여의치 않았다. 할 수 없이 신랑과의 만나던 이야기를 솔직히 털어놓고 도전과 개척 정신이나 일깨워 주기로 마음먹었다.

결혼식장에는 많은 하객이 붐볐다. 고향 광주에서 버스 두 대가 올라왔고 신부댁 손님들도 쟁쟁했다. 외톨이란 혼자 청주로 왔다는 뜻이었고 실은 뼈대 있는 가문의 막내둥이었다.

나는 생각했던 대로 주례사를 주인공 인상에 초점을 맞추고 나서, 덕담삼아 한마디 덧붙였다.

"서부영화에서 보여주던 그 불굴의 투지와 용기로 현실에 안주安住하려 말고 넓은 세상에다 도전장을 던지는 진짜 존 웨인같은 사람이 되어 봐라."

한데 이 주례사가 신랑에게 뜻밖의 결심을 굳히게 하는 결정적 계기가 되어 나를 곤혹스럽게 만들 줄이야.

신혼 여행에서 돌아와 인사오던 날, K군은 어르신의 주례사에서 큰 힘을 얻었다면서 넙죽 절을 했다.

그 후 한 달쯤 지난 어느 날 저녁, 두 사람이 불쑥 다시 찾아왔다. 웬일들이냐고 의아해 하자 '작별 인사를 드리러 왔다.'고 말문을 열더니 뜻밖에도 남아프리카로 떠난다고 했다.

"남아프리카?"

"주례님 가르침대로 따랐을 뿐입니다. 잘못되면 어르신네가 책임지셔야죠. 케이프타운에 정착해서 새로운 세계에 도전해 보기로 했습니다."

가슴이 철렁 내려앉았으나 겉으로는 태연한 척 한마디 던졌다.

"희망봉이 있는 곳, 다이아몬드를 캐러 간다, 이건가?"

"아닙니다. 사진관을 하나 차려 보려구요."

"아프리카에 사진관을?"

"염려 마십시오. 꼭 성공하고 말 겁니다."

그의 대답은 자신감에 넘쳤다.

부연 설명인즉 남아프리카에 진출한 집안 형으로부터 '함께 일하자.'는 제의를 받고 망설이다가 신부와 함께 직접 현지를 가 보고나서 결단을 내렸다는 거였다. 내가 손을 꼭 쥐고 "잘 안되면 내가 책임져 줄게."했더니 "내외분을 초청하겠습니다. 꼭 오셔야 해요."라고 화답했다.

신혼부부는 자리가 잡히는 대로 연락을 드리겠다며 총총히 어둠 속으로 사라져 갔다.

그 후 몇 해가 지났으나 아직껏 존 웨인으로부터 연락이 없다. 은근히 기다려지기도 하고 걱정스럽기도 하다.

땅끝 오지마을에서의 개척과 정착이 수월치만은 않은 것일까. 덕담으로 던진 주례사 한 자락이 그들을 고난의 길로 이끈 듯도 싶고 그 반대일 법도 하다.

고마운 착각

새해를 맞아 지내는 시산제始山祭의 날이다. 아침에 집을 나설 때만 해도 구름 사이로 햇살이 방긋거리던 하늘이 대야산 입구 화양골에 닿고 보니 온통 먹구름으로 뒤덮여 버렸다. 세찬 바람에 굵직한 눈발마저 흩날리는 악천후로 바뀌어 버린 것이다. 그렇다고 쉽게 산행을 포기할 수는 없었다.

10여 년 넘게 지켜온 시산제의 전통을 날씨가 좋지 않아도 깰 수는 없는 노릇이었다.

"올라갑시다!"

머뭇대고 있는 대원 앞에서 누군가가 소리쳤다. 마치 적진 속으로 돌격하는 공격조처럼 우리 산우회 열두 명 대원은 눈보라 속을 헤쳐 나갔다.

등산로는 집 앞 골목처럼 익숙하다. 그동안 백 번도 넘게 오른 산이기 때문이다.

밀재에서 정상으로 가는 능선길은 눈도 뜨기 어려울 정도의 매서운 바람이 몰아치고 있었다. 울부짖는 나목들의 비명소리 같은 바람에 이골이 날 때쯤 우리는 가까스로 정산 부근의 암릉지대에 도착했다. 바람은 거셌지만 눈발은 약해져 있었다. 마치 탁구매트같이 생긴 입석 바위 밑은 사방에 바람막이가 있어 제단을 차릴 만했다.

산을 오르는 사람들은 겨울 산엔 산신령이 있다고 생각한다. 그래서 겨울 산행은 신神의 나라를 훔쳐보는 짜릿함이 있다고도 한다. 눈보라가 잠시 숨을 죽이면 산심山心이 느껴지고, 계곡의 바람소리에 나지막하나 또렷한 산신령의 숨소리가 들려온다는 것이다.

술 한 잔 올리며 제주祭主인 회장이 축문을 읽어 내려갔다.

"… 산을 사랑하는 저희들이 명산 영봉 어디고 닿을 수 있도록 허락하여 주시고, 안전과 축복이 함께할 수 있도록 수호하여 주시옵소서……."

바로 그 때 이게 웬일? 거센 바람소리와 섞여 마치 산신령님의 화답과도 같은 한마디가 찌렁찌렁 울려 퍼지는 것이 아닌가.

"걱-정-마-!"

모두가 소스라쳐 놀라 고개를 번쩍 들고 보니, 목소리의 주인공은 산신령이 아니라 우리 멤버 중의 한 사람이었다. 그러나 바람에 실려 온 그 한마디가 장난처럼 들리지가 않았다. 우리들 상상 속에 존재하는 산신령이 실제로 바람결에 응답을 보낸 것처럼 느껴졌다.

참으로 이상한 일이다. 그 날, 9백여 m나 되는 높은 산꼭대기에서 세차게 몰아치는 바람소리에 섞여 울려 퍼진 '걱-정-마-!' 한마디는 진짜 산신령의 목소리인 양 우리들 귀에 각인되어 버리고 말았다.

시산제 이후 산우회 멤버들은 험난한 산을 오를 때마다 서로를 독려하기 위해 '걱정 마'를 버릇처럼 외쳐대며 두려움을 달래곤 한다. 그러다보니 부지불식간에 그 말이 산벗들의 믿음과 우정을 북돋는 구호가 되고 말았으니 고마운 착각이 아닐 수 없다.

발가벗고 만나기

아침마다 목욕을 함께하는 이색적인 친목회가 있다.

이 나우회裸友會에는 정해진 회칙도 없고, 정례모임 날짜도 없지만 회원들이 매일 목욕탕에서 만나 안부를 나누다가 축하할 일, 기념할 일이 생기면 즉석에서 모임이 주선된다. '내게 이런 좋은 일이 있어서 오늘 저녁을 내겠소.' 하는 식이다.

내가 지역의 원로들이 주축이 된 이 모임의 멤버가 될 수 있었던 것은 목욕탕에서 아버지 등을 밀어드리는 모습을 아름답게 보아 주신 덕분이다. 처음에는 무척 조심스러웠으나 이내 마음이 편해졌다. 발가벗고 만나다보니 나이, 직위 따위는 거추장스럽다는 듯 마음까지도 활짝 열려 스스럼없는 사이로 발전했기 때문이다. 엄기현, 최병곤 두 원로목사님을 비롯, 조성진 전 충대 총장, 의사, 문인 등 모두가 유머 감각이 탁월하여 모이기만 하면 웃음꽃이 핀다. 요즈음엔 설교할 때도 적당한 유머를 구사해야 하므로 연구를 많이 해야 한다던가.

이 모임에서는 목욕에 관한 이야기가 자주 등장한다. 회원 모두가 그 쪽에 일가견을 가졌고 더구나 평생을 목욕업에 바쳐온 박학래 회장이 물에 관한 철학과 건강 목욕요법을 설파하여 어떤 때는 신목욕법 연구발표회가 되기도 한다.

나는 수년 전부터 한 시간 남짓 등산으로 땀을 흘리고 와서 목욕은 샤워 정도로 끝내곤 했지만, 목욕요법을 조금씩 터득한 후로는 다소 길어졌다. 한증막에 오래 있지는 않는다. 사우나로 흘리는 땀은 우리 몸에 이로운 칼륨, 칼슘, 마그네슘 성분이 빠져 나간다는 것을 알았기 때문이다. 몸에 필요한 성분을 얻고자 운동으로 땀을 흘린 뒤, 자율신경기능을 북돋아 주기 위해서 발한發汗을 시켜야 하므로 열탕에서 비교적 오래 버틴다.

회원 중에 고고학자도 있다. 중부권 여러 곳에서 선사문화 유적을 찾아내 국내 학계는 물론 세계적으로 인정을 받은 이융조 박사인데, 그는 모임 때마다 생생한 발굴현장 얘기를 들려주며, 인간이 언제 어디서 왔을까에 대한 문제를 제기하는 바람에 뜻밖에도 목욕멤버 모두가 고고학에 눈을 틔워 발굴 현장 답사와 문화재 보호운동까지 벌이는 문화지킴이가 되었다.

청원군 두루봉동굴과 단양 수양개 유적은 그 방면에 문외한인 우리들 눈에까지 대단한 수확으로 비쳐졌다. 두루봉 선사 유적은 흔적도 없이 사라져 버릴 찰나에 그의 혜안이 4만 년 전으로 추정되는 사람의 유골과 동물뼈를 발굴해 내는 개가를 올렸다. 역사교과서에까지 오른 바로 '흥수아이'이다.

어느 해, 남한강변 발굴현장에서 구석기 유물 등을 살피고 난 점심시간이었다. 원로목사 한 분이

"목욕탕에서 발가벗고 만나는 우리가 바로 선사시대 사람 아닐까요?"

하고 운을 떼더니

"그 순수의 세계로 돌아가자는 뜻에서 모임의 이름을 '선사문화와 목욕문화의 만남'이라고 하면 어떨까요?"

했다. 모두가 무릎을 치는 찬동이 따랐다. 그러나 이름이 길다는 반론이 나와 '선사문화와 목욕문화의 만남'을 캐치프레이즈로 한 '문화사랑 학천모임'으로 명명되었다.

매일처럼 알몸으로 만나 마음까지 통하는 사이가 되어, 선사시대 사람들처럼 순수한 정을 가꾸어가고 있으니, 세상에 이보다 더 의미 있고 우애돈독한 모임이 어디 있으랴.

내 마음속 붉은 악마

매일 아침을 산에서 열며 땀을 흘리고, 일요일이면 높은 산 오르기를 십수 년 넘게 해와도 한번 늘어난 체중과 혈압은 좀처럼 내려갈 기척을 하지 않는다. 체질도 체질이지만 저녁마다 마시는 술에 문제가 있음이 분명했다. 술을 줄여 본다고 벼르면서도 그게 쉽지가 않다.

지난봄 우리 집 옆에 개원을 한 내과의內科醫가 있어 병원을 바꿨더니 겁을 팍 주었다. 술을 끊으라는 거였다. 그래서 절주節酒를 시작했는데도 체중과 혈압이 요지부동이다. 그런데 술자리를 피하다보니 저녁마다 불러내던 친구들이 하나 둘씩 멀어져 가면서 왕따에다 의욕상실증이 생겨났다.

월드컵 16강 진출의 첫 관문이던 폴란드와의 경기가 있던 날이다. 온 국민의 이목이 집중된 한 판 승부를 어디서 볼까

망설이다가 가족과 함께 집에서 조용한 응원전을 펴기로 했다. 한데 전화통에 불이 붙었다. 친구가 시민응원장에 어렵사리 자리를 잡아놓았다는 거였다.

드라마 작가인 친구는 사고방식도 드라마틱했다. 붉은 티셔츠를 입고 나오라는 주문도 덧붙였다. 처음에는 주저하다가 자리 빼앗길 것 같다는 다섯 번째 전화를 받고 마지못해 나갔더니 그곳에는 뜻밖에도 나의 의욕상실증을 말끔히 치유해 줄 아주 특별한 감동이 기다리고 있었다.

대형 스크린이 설치된 예술의전당 광장에는 경기 시작 두어 시간 전인데도 빠알간 티셔츠 차림의 젊은이들로 가득했다. 그 엄청난 군중 속에서 친구를 쉽게 찾아낼 수 있었던 것은 손전화 덕분이었다.

"어디야"

"뭐? 홍명보 포지션? 최진철 쪽?"

아하, 거기 딱 하나 보이는 빈 의자가 있었다.

사방을 둘러보니 학생들뿐, 온통 젊은이들의 천국인데 녀석들은 나이 든 우리를 스스럼없이 받아주었다. 우리는 서서히 그 젊음의 축제에 동화되어 갔다.

이윽고 스크린이 있는 무대 쪽에서 둥둥 북소리가 울려왔다. 붉은 악마 리더가 구호를 선창하자 자리를 함께한 수천여 관중이 질서정연하게 합창을 한다. 한 손을 앞으로 절도 있게 내뻗으며 "대~한민국, 짜잔짝 짝짝!" 하는 엇박자의 구호와 박수 소리가 소용돌이친다. 연습과정을 톡톡히 거친 프로 응원단 같다. 어린 중학생들까지도 거침이 없다. 컴퓨터와 매스컴 덕분인 듯 보였다.

처음에 나는 어설프게 앉아 있었으나 부지불식간에 그 분위기에 젖어버렸다. 학생들의 손동작을 곁눈질하며 몇 번 따라 하다 보니 흥이 절로 났다. "오 미스코리아"가 자주 나와 웬 미스코리아? 하며 갸우뚱했는데 '필승 코리아'였다. 이 구호는 한참 되뇌다 보니 '피스(Peace) 코리아'로 들리기도 했다.

애국가가 울려퍼지자 광장에는 태극기가 물결쳤다. 이어 소개된 11명의 태극전사 중 내가 아는 단 한 사람의 선수, 청주상고 출신의 골키퍼 이운재 선수였다.

경기 초반 다소 밀리는 듯할 때도 일사불란하던 응원단은 전반전 중간 대망의 첫 골이 터지자 일제히 일어나서 환호성을 질러댔다. 그야말로 천지가 진동했지만 앞이 가려 잘 보이지 않았다.

그 순간 이게 웬일, 아들과 함께 옆자리에 앉아 있던 생면부지 아낙이 나를 와락 껴안고 괴성을 질러대며 팔팔 뛰기 시작하는 것이 아닌가.

"들어갔어요?"

하는 어설픈 질문에

"골인예요, 황선홍 선수예요!" 했다.

환호의 한 순간이 지나자 그녀는 언제 그랬냐 싶게 이내 모르는 사람으로 되돌아갔다. 나도 애써 옆쪽을 외면해 버렸다.

후반에 추가 골이 터지자 붉은 악마들의 함성은 포효咆哮로 변해버렸다. 열광의 도가니였다. 옆의 여자가 또 나를 얼싸안고 방방 뛰었다. 이번에도 앞이 가려 슛 장면을 보지 못했던 나는 똑같은 질문을 던졌다.

"또 들어갔어요?"

그녀는 더 높이 뛰며 고개를 끄덕였다. 경기 종료 휘슬이 울리자 그녀는 다시 나를 끌어안았다.

"끝났어요. 이겼어요."

또 한 차례의 격정이었다. 선수들도 잘했지만 아마도 전국 방방곡곡에서 열띤 성원을 보낸 국민들의 기氣가 그 곳까지 미쳤던 것 같다.

이날 처음 만난 사람끼리 얼싸안고 나눈 포옹을 골인 세리모니라 할까, 아니면 연회석상에서 술잔을 함께 들 때 옆의 사람과 잔을 부딪치는 건배 제스처와 견줄까. 아무튼 나를 스스럼없이 끌어안던 그 여자는 어느 틈엔지 어둠 속으로 사라져 버리고 말았다.

월드컵 첫승. 승리의 축배를 들지 않을 수 없었다. '간이역'이란 이름의 작은 술집에서 50일 금주기록은 허물어졌다.

뱃심이 두둑한 친구가 드라마에서나 나올 법한 골든벨을 눌러 댔다.

"여기 앉은 모든 분들께 소주 한 병씩!"

축제의 팡파르였다.

여기에 질세라 주인이 맞장구를 쳤다.

"오늘 안주는 무료! 마음껏 즐기십시오."

응원전이 또 펼쳐지는 듯했다. 축구를 사랑하면 멋쟁이가 되는 것일까.

이튿날은 약을 타러 병원에 가는 날이었다.

간밤의 술자리가 마음에 걸렸으나 시치미를 떼기로 했다.

나는 죄를 짓기나 한 사람처럼 머리를 떨구고 의사 앞에 팔을 디밀었다. 분명 혈압은 높아졌을 것이고 의사는 축구경기장의 주심主審처럼 옐로 카드를 높이 들 것이다. 아니 레드 카드가 떨어질지도 모를 일이다.

"어? 혈압이 많이 내려갔군요."

혈압기를 풀면서 의사의 무표정했던 얼굴에 미소가 스쳤다.

"네? 떨어졌어요?"

놀라서 되묻는 내 목소리는 가려 있었다.

"140에 80, 아주 좋아요. 계속 술은 들지 마세요."

병원 밖으로 나오자 길가에 대형 태극기들이 펄럭였다.

아하, 벅찬 감동이 혈압강하제가 되었던가. 내 가슴에도 무력감을 말끔히 씻어낼 붉고 젊은 악마가 도사리고 있었단 말인가. 월드컵 승전보가 전해지던 6월 내내 술은 내 가까이에 있었고 혈압은 정상이었다. 붉은 악마의 약효는 오래갈 듯하다.

건배 제스처

건배乾杯 아시죠? 요즈음에는 술자리가 아니더라도 이런저런 모임에 감초처럼 등장하는 화음의 의식儀式입니다. 그런데 좌중의 연장자가 맡는 이 건배 제의 제스처가 언제부터인가 점점 내게로 다가오고 있는 듯하여 입맛이 씁쓸합니다. 맨 처음 '고희古稀'란 말을 썼던 천하의 두보杜甫인들 어찌 나의 이런 기분을 알겠습니까.

아직도 다리는 안 떨리고 가슴만 떨려오는 청춘인데 그냥 점잖게 판에 박힌 건배사를 읊조릴 수는 없는 노릇, 구호만이라도 박력 있게 외쳐보자 하여 판에 박힌 '건배!', '위하여!' 대신 '사랑과 우정을 나누자' 하는 '사우나' 또는 '당나귀!', '개나발', '나가자!' 등 익살 3행시로 톡톡 튀는 파격을 연출해 보는 겁니다.

하지만 마냥 유머러스한 3행시가 어울리지는 않겠죠. 때로는 상큼한, 때로는 맛깔스런 구호가 모임의 격을 높여 줄 수도 있겠죠. 예를 들면 '얼씨구, 절씨구' '지화자, 좋다' 식의 국악 버전으로 맞장구치기나 '당신!' 하고 선창하면 '멋져!' 하고 화답하는 방법도 있습니다. '당신 멋져'는 말 그대로의 의미도 좋지만 당당하고, 신나게, 멋있게, '져 주며 살자'란 뜻풀이를 곁들이면 모두 고개를 끄덕일 만도 합니다.

얼마 전 일산 호수공원에서 열린 전국실버문화 축제에 참석했다가 내가 좀 웃기는 사람으로 소문이 나 있던 바람에 이틀 동안 건배 제의를 도맡아 하느라 진땀깨나 흘렸는데요, 한번 써먹은 구호는 사절이라니 재고가 바닥날 수밖에요. 동석했던 원로연기자 이순재 씨가 역시 사람 볼 줄 알더군요.

"건배 제스처 멋있네요. 책으로 내 보세요. 베스트셀러 될 겁니다."

이튿날 오찬장에서는 고전古典인 '이대로!'를 썼더니 이게 웬일? 진도에서 나오는 홍주 이름에 '이대로'가 있고 그 지역 문화원장이 와 있었지 뭡니까. 그는 이 구호를 붙일 때마다 술 한 병씩을 보내주겠노라고 약속까지 했지만 택배는 단 한 차례만 왔습니다. 알고 보니 술 이름은 '대대로'였습니다.

옛날에는 권주가를 불러 흥을 돋우었다고 하나 갈등과 양극화로 불협화음이 요란한 오늘날의 건배 제스처는 자리를 함께한 모든 사람들이 서로의 마음을 열고 소통하는 '울림'과 '어울림'의 뜻이 다하겠습니다.

건배 구호가 일본에서는 간빠이, 중국에서는 칸파이, 프랑스에서는 아보뜨르상테라던가요? 이렇게 말은 다르지만 거기 담긴 축원은 건강과 행복으로 통하죠. 기록을 살펴보니 영국의 음주풍속에서 나왔다고도 하나 기원전 6세기 그리스 기원설이 그럴싸하더군요. 술에 독을 타서 사람을 죽이던 때라 호스트가 '이 술에는 독이 없으니 마음 놓고 드십시오.' 하는 뜻으로 잔을 높이 든 데서 유래되었다는 얘기 말입니다.

건배구호도 시류를 탑니다. 아무리 좋은 구호라도 유행이 지나가면 신선감이 떨어지죠. 늘 새로운 패러다임을 연출해야 합니다.

요즈음 즐겨 쓰는 비장의 카드 하나 털어 놓아 볼까요? 잔을 머리와 가슴과 배꼽 아래에 대는 동작에 맞추어 '이상은 높게! 가슴은 뜨겁게! 사랑은 깊게!'를 소리 높여 합창하는 오디오 플러스 비디오 방법인데요, 분위기가 확 살아나지요. 마음이 이내 통하는 듯합니다.

글로 읽어서 실감이 잘 안 난다구요? 자리만 만들어 주십시오. 시범을 보여드리겠습니다. 실버니 시니어니 하는 달콤한 말에 현혹되지 말고 6학년, 7학년 소리에 기죽지도 맙시다. 나이아가라 폭포의 굉음처럼 '나이야! 가라!' 하고 힘차게 외쳐보면 어떨까요. 건배구호가 갈라진 우리 사회를 소통시키는 화음으로 번져나갔으면 좋겠습니다.

웃자고 던진 한마디

사람이 꼭 필요한 말만 하고 산다면 무슨 재미가 있을까. 재치 있게 던지는 유머 한마디, 때로는 웃자고 던지는 이야기(말) 한 자락이 삶의 청량제가 되고 좌중의 분위기를 바꾸어 주기도 한다.

놀부 마누라가 부엌으로 들어온 시동생 얼굴에 왜 밥주걱 펀치를 날렸을까.

'형수님, 저 흥분데유.'

'뭐? 흥분이 된다구? 이 발칙한 놈 맛좀 봐라!'

성희롱 세태를 풍자하는 현대적 재해석이 그럴싸하다.

아기가 태어나서 첫돌 전까지는 하루에 1백 번 이상을 웃는다고 한다. 잠자는 아가의 천사 같은 얼굴을 보라. 자면서도 방긋방긋 웃지 않는가. 이처럼 천품으로 타고난 웃음이 커가면서 오히려 줄어들고 있으니 각박해져 가는 세상 탓만 할 것인가.

알프스 산 기슭의 한 건강센터에서는 환자들에게 약을 먹이는 대신 웃음요법을 쓰는데, 약물치료보다 훨씬 효과적이라는 해외 토픽을 접한 일이 있다. 웃음은 암세포까지 파괴시키는 놀라운 힘을 가지고 있다는 연구 결과도 나와 있다. 웃음이 보약이라는 얘기다.

'왜 안 웃느냐구? 웃을 일이 있어야 웃을 거 아니냐구요?'

어디선가 이런 볼멘소리가 들려올 법도 하지만 문제는 생각하기 나름이고, 마음먹기에 달려 있다.

나는 '싱거운 사람' 소리도 듣지만 '유머감각이 좀 있다.'는 호감어린 평을 들을 때도 있다. 웃자고 던지는 얘기를 즐겨하기 때문인 듯하다. 이런 유머적 대화법에 천착하고 있는 것은 남을 웃기기 위한 일이라기보다 나 스스로가 즐거운 마음을 갖고자 하는 데 있다. 중년 이후 생겨난 고혈압으로부터 건강을 지키기 위해서이다. 그러나 기발한 유머도 한 번 써 먹으면 약효가 떨어진다. 흘러간 물은 물레방아를 돌릴 수 없는 것과 같다. 남을 웃기는 일이 쉬운 일이 아니다.

가까운 친구 몇이 반주를 곁들인 저녁 식사 자리에서였다. 화제가 정치 쪽으로 번지다보니 논쟁이 벌어졌다. 좌장 격인 친구가 나서서

"그래, 맞아. 세대간, 계층간 갈등이 넘쳐나는데 갈등을 해

소할 방법이 문제야!"

하고 진화를 시도했으나 불길이 잡히지 않았다. 이쯤에서 방관만 하던 내가 한마디 던졌겠다.

"갈-등-, 갈비도 시켜 먹고 등심도 시켜 먹으면 깨끗이 해결된다구!"

극적인 반전이랄까. 폭소가 터지면서 토론회는 종결되었다. 역시 술 한잔 나누는 정겨운 자리에서는 가볍고 즐거운 화제로 안주를 삼아야 한다.

부친상을 당한 직장 동료 문상 갔다가 넌지시 던진 한마디가 백년지기 같은 친구를 얻게 한 일도 있다. 굴건제복을 하던 때 이야기다. 근엄한 표정으로 조문객을 맞고 있는 상주가 안쓰러워 '얼마나 망극하십니까' 하는 의례적 인사 대신 귀엣말로 '세종대왕 같은데?' 했더니 터져 나오는 웃음을 참느라 얼굴이 처참하게 일그러졌다. 결례를 했다고? 아니다. 슬픔에 젖어 있던 동료는 이 말 한마디로 큰 위안을 받았다고 했다.

그러나 나의 파격적인 언행이 매번 좋은 결과만 가져온 것은 아니다. 뜻밖의 오해를 불러 일으켜 멱살잡이를 당하기도 하고 욕을 먹기도 했다.

장가방이 주연한 영화 〈현금에 손대지 마라〉가 인기 절정을 치닫던 오래 전의 어느 날, 만원버스 안에서 영화 제목을 잘못 들먹이다 사건이 벌어졌다.

어느 장년의 승객이 나의 가방을 깔고 앉았기에 "이보세요,

현금에 손대지 마십시오!"했다가 멱살잡이를 당한 것이다. 영화를 보지 못했으니 유머가 먹혀들지 않을 수밖에. 승객은 소매치기 취급을 당했다고 씨근덕거렸고 나는 머리를 굽실거려야 했다.

몇 년 전, 박물관대학 터키유적답사 때 웃자고 던진 한마디가 또 오해를 빚었다. 카파도키아 기암괴석 군락에서였다. 오묘한 자연경관을 넋을 잃고 바라보다 예의 장난기가 발동하여 "그년도 ×년!" 했더니 이 말을 욕으로 받아들인 여성들의 안색이 창백해졌다. 이 절체절명의 순간, 누군가가 알아듣고 한마디 거들지 않았더라면 나는 그 자리에서 꼼짝없이 치한으로 몰릴 뻔했다.

"아 맞아, 미국 그랜드캐년과 똑같네!"

형광등 켜지듯 뒤늦게 박장대소가 터졌다.

매일처럼 오르는 아침 산행에서 벌어진 언어충돌 한 자락-.

아침 공기를 마시며 오르노라면 기분이 상쾌해져서 모르는 사람끼리도 가벼운 인사를 나누는 지기知己가 되곤 하는데 정답게 내려오는 부부에게 듣기 좋으라고 던진 한마디가 시비를 불러일으켰다. 늘 써오던 유머인데 먹히지를 않았다.

"안녕하세요. 아, 따님하고 오셨군요.?"

남자가 홱 돌아서더니 험상궂은 얼굴로 고함을 쳐댔다.

"뭐 딸? 당신 눈이 삐었어? 내 마누라야, 마누라!"

"죄-송-합-니-다.-"

부인이 젊게 보인다는 뜻으로 던진 한마디가 오해를 불러일으켰다는 생각이 들다가도 웃자고 하는 얘기를 곡해하는 닫혀있는 마음이 원망스럽기만 했다.

웃으며 살고, 남에게 밝은 웃음을 선사할 수 있는 사람이 행복한 사람이다. 돈이나 직업 못지않게 유머감각을 가진 총각이 으뜸 신랑감으로 인기가 높다는 요즘 세상이고 보면, 내가 좀 늦게 태어났더라면 팔자가 크게 달라졌을 법도 하다.

4부

나를 깨운 산

나는 운동신경이 무디다. 초등학교 시절 달리기를 하면 으레 꼴찌였다. 운동회날 여섯 명이 한 조가 되어 뛰었을 때도 겨우 4등 한 것이 최고의 기록이다. 그러니까 그 흔한 노트나 연필 한 자루 타보지 못했다. 게다가 겁도 많아서 집 뒤꼍 대추나무, 감나무 한 번 올라갈 엄두도 내지 못하며 자란 두둔바리이다. 그런 내가 등산을 좋아해서 높은 산 벼랑길도 오르고 로프타기까지 하게 되고 보니 내가 생각해도 신기할 정도다.

젊은 시절 마른 편이던 내가 몸이 불어난 것은 40대 이후의 일이다. 고혈압, 비만 등 성인병의 공포에서 벗어나고자 운동을 시작했지만, 어느 하나에도 재미를 붙이지 못했다. 탁구, 테니스장을 꽤나 열심히 다녀보았지만 언제나 공은 제멋대로였다. 끈기가 부족한 탓도 있겠지만 연습게임 한번 이겨보지 못한 채 집어치웠다. 친구 따라 골프 연습장도 다녀보았으나 그 또한 매력을 느끼지 못했다.

등산은 달랐다. 특별한 기술이 필요하지 않았고, 게임도 할 수 없고 보니 스트레스 받을 일도 없었다. 지천명의 고개에서, 고마운 친구의 강권발동식 권유로 계룡산 몇 번 다니다가 등산 모임에 가담한 것이 산을 좋아하게 된 계기가 된 것이다.

"자식이 열이면 뭐하구, 억만금이 있으면 뭐하능겨. 그저 나 하나 쓰러지면 말짱 헛거여. 세상 끝나는겨."

좌장격인 한의원 원장이 힘겨워 할 때마다, 중풍에 대한 겁(?)을 주는 바람에 눈 딱 감고 쓴 약을 마시듯 따라다니기 시작했다.

등산은 일종의 정신수양이요, 덕을 쌓는 일도 되었다. 자연의 신비를 아주 작게 실증해 주는 산은 인간의 괴로움을 달래주고 허물을 감싸주는 어머니의 따사로운 손길 같기도 하다.

초심자 시절 소백산 정상을 오를 때 힘이 너무 들어 건강이고 뭐고 다시는 올라가지 않겠다고 푸념을 해댔지만 내려오고 나면 명산 하나를 올라갔다는 성취감이 다시 오르게 만들곤 했다. 마치 존경할 만한 위대한 인물과 교감을 이룬 기분이라고 할까.

소백산에서 처음 보았던 고사목枯死木은 한라산과 지리산 천왕봉을 거치면서 큰 깨달음으로 다가왔다. 죽어서 천년을 산다는 고사목의 청정한 기품은 덕을 쌓아 천년에 이름을 남긴

위대한 인간의 모습 같았다.

산은 계절이 바뀔 때마다 다른 맛을 풍기며, 사람들을 끌지만, 그 가운데 이른 봄의 산이 제일 좋다. 산수유가 노오란 꽃망울을 터트릴 때쯤이면 버들가지 물이 오르고 소복한 여인네처럼 하이얀 조팝나무꽃에 산복숭아가 알록달록 문양을 넣는다. 연둣빛 물감이 온 산을 채색하고, 봄비 두어 번 지나간 뒤 나뭇잎들은 검푸러져 하늘로 솟을 듯 무수한 날갯짓을 한다.

여름철 칠보산 쌍곡 상류는 자연에 동화되는 우리의 낙원이다. 옷을 훌훌 벗어 던지고 중천의 태양과 마주하는 거풍擧風은 마치 여름나기 의식과도 같다. 낙엽이 발목까지 덮이는 조락의 가을 산은 동행이 많은데도 괜히 가슴앓이를 한다. 겨울철에는 되도록 가까운 산을 오른다. 그 가운데 품이 넓은 대야산을 자주 찾는다.

겨울 내내 눈이 덮여 있다. 눈이 쌓인 날엔 산 정상까지 가지 않아도 좋다. 중대봉밑 바위지대는 서너 사람을 받아주는 바위굴이 있다. 그 속에서 눈 덮인 심산유곡을 바라보면 속세를 떠난 선경에 온 느낌이 든다.

산행의 참맛은 등산객들이 붐비는 이름난 명산보다 호젓한 산이나 인생 파노라마와 같이 굴곡이 있는 산이 좋다. 나는 그런 산속에 들어서면 길을 재촉하지 않는다. 이름 모를 풀꽃들이 하늘거리는 자태에 반해 해찰을 떨기가 일쑤다.

산을 오르면 마음이 열리고 열린 마음에는 선율이 흐른다.

나는 산의 이미지를 멜로디에 연상지어 지휘자도 되고 연주자가 되기도 한다. 좋은 산 하나를 오르는 것은 명곡 한 곡을 감상하는 것과 같다.

나는 일백산등정一百山登頂의 기록을 세우고 나서, 옛 선인처럼 '산수유기山水遊記' 한 권 남기고 싶다. 책 이름을 '산이 좋아 산에 올랐노라' 하고.

산은 나에게 청정하게 살라고 무언의 가르침을 주고 있다. 산은 신앙이요, 철학이며 육신을 공양할 삶의 종착역과도 같다.

산에 올라 깨우치면서 욕심도, 원망도, 미움도 모두 떨쳐 버린 투명한 수정구슬이 되고 싶다.

오를 수 있다는 그 사실 하나만으로도 감사해 하며, 살아 있는 그 날까지 산을 오르고 싶다.

우암산의 아침

토정 이지함이 팔도의 산천경개를 돌아보던 중, 아랑산(부모산)에 이르러 우암산을 바라보니 대장군의 기개가 번뜩였다. 급히 당도하여 소상히 살펴본즉, 이것이다, 할 만한 혈穴이 짚이는데 그 혈이 소의 배에 해당되므로 '우복동牛腹洞이로다' 감탄하며 가묘를 만들고, '여기는 장군에게나 맞는 자리이니 여느 사람은 범하지 말라.'는 푯말을 세웠다.

그런데 한 풍수장이가 토정의 경고를 무시하고 어리석게도 가묘를 파헤치니, 갑자기 하늘이 천둥소리에 흔들리는데 피를 뒤집어쓴 우두牛頭 장군이 솟아올라 슬피 울다가 들어가는데, 그 순간 벼락이 떨어져 가묘는 검게 탄 바위로 변했다.

피반령을 넘어 보은으로 가던 토정이 이를 목격하고, '나라의 환란(임진란)을 다스릴 만한 재목을 탄생시킬 우복동 정기가 사라졌구나!'고 탄식해 마지않았다.

≪동국여지승람≫ 청주목편에 실려 있는 이야기다. 지금도 관음사 위편에 화석묘化石墓로 보이는 검은 바위가 있다. 그렇다면 4백여 년 전 토정이 짚었던 명당혈은 소멸되었을까. 혈은 막혔어도 우복동의 정기는 살았기에 야트막한 산의 품에 백만 인총이 복된 삶을 누리고 있는 것이 아닐까.

이른 새벽 우암산牛巖山을 오른다.

도심都心을 한 발짝 벗어난 곳에 산행의 맛을 듬뿍 느낄 수 있는 넉넉한 산봉우리가 있다는 것은 청주 사람들에게 행운이 아닐 수 없다.

등산로는 사면팔방으로 나 있고, 새벽부터 해가 질 때까지 사람들의 발길이 끊이지 않는다. 나는 집에서 가까운 성공회 입구 쪽 누운 소의 꼬리 부분에서 소 잔등을 타고 올라간다. 삼국시대 쌓았다는 토성의 흔적이 남아 있는 능선길이다. 내려올 때는 전설의 향기 그윽한 우복동 길을 택한다.

흙을 밟는 순간부터 발걸음이 가벼워지고 울창한 나무들이 일상에 찌든 나의 심신을 헹구어준다. 한 시간 남짓 산에 머무는 아침 시간이 내겐 체력 단련의 시간이 아닌 자기성찰의 시간이다. 풀섶에 함초롬이 이슬을 머금은 야생화들이 싱그럽다. 패랭이, 동자꽃, 달맞이꽃, 원추리, 비비추, 노루오줌 등이 다투어 아침 인사를 한다. 산딸기도 빨갛게 익었다.

풀꽃들과 눈을 맞추고, 청아한 산꿩 울음에 귀를 씻다가 더덕 내음에 코를 벌렁거리다 보면, 마주치는 사람들이 모두 지기知己인 듯 반갑다. 온몸에서 알 수 없는 희열이 솟구쳐 오름을 느낄 수 있다.

송신탑 봉우리를 넘어 계곡의 옹달샘 물로 목을 축이고, 산정山頂에 이르면 동쪽 하늘이 환하다. 이윽고 낙가산 일출이 장관이다. 두 손을 모으고 잠시 묵상에 잠기는데 어디선가 발동기 소리가 들린다. 촘촘한 수목들이 햇빛을 동력삼아 수력樹力발전소를 돌리는 소리다. 청정한 공기를 폭포처럼 쏟아 내고 있는 것이다.

산 아래 펼쳐진 시가지가 한눈에 들어온다. 무심천이 까치내를 휘돌아 미호평야로 활짝 트인 한벌, 내륙의 복판에서 넓은 바다로 내닫고 싶어 배 모양을 닮았던가. 구리돛대 세워 흐르는 배를 잡아맨 그 창조 정신이 인쇄 문화의 발상지로 청주를 세계에 우뚝 서게 만들었더냐. 철당간 빌딩숲에 가려 있고 안산자락 흥덕사터 언저리에 박람회 깃발이 펄럭인다.

올라서 보면 보인다. 청주는 우암산이 있어 축복을 받았고, 사람들은 그 품에 안겨 행복하다는 것을…. 우암산은 우직한 소의 끈기와 뚝심을 닮으라 한다.

아, 이토록 평화롭고 이리도 어머니 품속 같은 낙토길지를 우리가 사랑하지 않고 어찌하랴. 오르면 오를수록 청주 사랑이 깊어만 가는 산마루에서 나 오늘 이렇듯 하늘 뜨락에 취한다.

대야산의 미소

그 산은 이름 높은 속리산 영봉 뒤편에 있다. 드러나게 수려하지도 않으며 찾는 사람들의 발길도 드물어 늘 호젓하다. 태곳적 순수함이 남아 있는 이 산은 둔탁한대로 품이 넉넉하다. 그러면서도 산행의 묘미를 듬뿍 느낄 수 있다.

괴산과 문경에 접해 있는 9백여m의 대야산大耶山을 처음 찾았을 때, 나는 한눈에 홀딱 반해버리고 말았다.

경북 문경군 가은읍 벌바위골에서 용추계곡으로 오르던 날 선경仙境에 들어선 듯한 착각에 빠져 버렸다. 그 때가 여름의 한복판이었는데도 물에 담근 손이 시려 왔다. 너무도 맑고 깨끗하여 신발을 벗고 발을 담그기가 민망할 정도였다. 우리 일행은 산을 오르다 말고 주저앉아 인적도 끊긴 계곡의 심연에 도취해 버리고 말았다.

용추龍湫는 백색 화강암의 한가운데 하트형의 물받이를 이룬 기묘한 생김새의 윗용추와 아랫용추가 있다. 여러 곳에 같은 이름이 있지만 대야산 용추만큼 신비로운 모양새는 아직껏 보지 못했다.

그 계곡에 마음을 빼앗기고 돌아와, 한동안 일이 손에 잡히지 않았다. 가을 어느 날 나는 다시 대야산을 찾아갔다.

이번에는 남서쪽인 충북 괴산군 송면에서 올라갔다. 이평리 농바윗골을 지나 다다른 계곡은 용추만큼 오묘한 맛은 없었으나 자연 그대로의 맛은 더 있었다. 화양골과 조양골로 가는 갈림길이 나왔다. 우리는 동쪽 화양골로 들어섰다. 마악 단풍이 물들기 시작하는 잡목들 아래 산죽군락이 펼쳐졌다. 옛날 공비들이 숨어 있었다는 비트(아지트)도 발견되었다. 등산길 옆으로 계속 물소리가 났다. 멀재에 닿았다. 이 고개를 넘어 동쪽 길로 내려가면 바로 용추계곡에 닿게 된다.

북쪽 길로 접어들었다. 경사가 가파라졌다. 빽빽하던 나무숲이 사라지고 드문드문한 소나무 팔사이에 바위들이 보이기 시작하더니 절벽길이 나타났다. 오른쪽으로 돌아 10여 분 전진하여 이윽고 다다른 암룡지대, 그러나 등산로는 험로는 아니었다. 기묘하게 생긴 바위들을 돌고 돌아 다다른 첫 봉우리에 올라서고 보니 그 앞에 한 치 더 높은 봉우리가 나타난 대야산 정상이었다.

온통 거센 파도처럼 산맥이 물결쳐 나갔다. 그날 사방을 조망하다 알아볼 수 있었던 산은 속리산 문장대 하나뿐, 어느 곳이 백두대간의 주능선인지 분간하지도 못했다. 이날 바라본 군자산, 장성봉, 조항산, 둔덕산, 백악산 등은 그 산들을 하나 하나 오르고 난 5년쯤 후 알아볼 수 있었다.

하산은 서쪽 조양골을 택했다. 눈앞에 있는 큰 봉우리인 중대봉을 사이한 계곡 길로 내려서니 길이 낙엽으로 뒤덮여 급경사를 이루고 있어 몇 번씩 넘어지고 미끄러지면서 제풀에 내려가졌다. 가을의 한복판인데도 대야산은 낙엽 천지였다. 바위지대가 또 나타났지만 큰 어려움은 없었다.

농바위 마을로 되돌아와 막걸리 한 잔을 걸치고 나니 산속의 빠알간 단풍물이 내 얼굴까지 묻어났다. 내려온 산을 올려다보았다. 저렇게 높은 곳을 내가 올라갔던가 싶었다. 멀게 느껴지던 산이 은근한 미소를 보내 주었다.

등산로는 여러 갈래로 나 있다. 하관평, 중관평에서 오르는 길도 잘 트여 있다. 농바위골에서 곧바로 능선을 타고 올라 중대봉으로 가기도 했다.

우리 산벗들은 조양골 코스를 즐겨 찾는데 중대봉까지만 오르는 날도 많다. 눈이 많이 쌓인 한겨울 철에는 조양골 바위지대에서 눈 속에 묻혀 있다 내려온다. 바위 사이 굴속에 들어앉아 참선의 경지를 맛보는 날도 있다. 행락객이 붐비는 가은쪽 용추골로는 가지 않는다. 태곳적 신비가 감돌던 맑디맑던 월영대 계곡이 최근 몇 년 사이에 때가 많이 묻어 실망이 큰 까닭이다.

≪산≫잡지에 비경으로 소개되고 나더니 등산객이 아닌 행락인파가 갑자기 불어났고 그러다 보니 자연훼손이 심각한 지경에 이르게 되었다.

그나마 취사금지, 입장료 징수 등 일련의 환경보전조치가 취해진 것은 다행스러운 일이다. 대야산의 미소가 영원할 수 있도록 자연사랑 환경운동에 힘써 나가야 할 일이다.

백무동 가는 길

이름난 명산을 오르고 난 희열을 세계 명작 한 권을 읽고 난 기쁨에 견줄 만할까. 지리산 천왕봉은 명작 중의 걸작이다.

1994년 가을, 나는 한반도 남녘 최고봉인 지리산 천왕봉 등정길에 올랐다. 일행은 열네 명이었다. 경남 산청에서 저녁을 먹고 밤 9시 중산리 매표소를 통과했다.

텐트, 침낭, 먹을거리 등 배낭이 꽤나 무거웠다. 손전등과 랜턴도 준비했다. 야간 등산이었다.

하루로는 벅찬 코스여서 전날 오후부터 산행을 시작했다. 그런데 이마에 단 랜턴 불빛으로 가게 되므로 주변에 신경이 덜 쓰여서 빨리 갈 수 있었다.

산의 고도가 높아 갈수록 밤공기가 차가워 왔다. 전날 비가 내린 탓인지 가을의 한복판인데도 휴식 시간에는 한기寒氣가

느껴졌다. 경사가 점점 가팔라지면서 숨소리도 거칠어졌다.

대원 모두가 야간 등산 경험이 있어서 대열이 일사불란했다. 뒤지는 사람도 없었다. 법계사法界寺 옆 야영장이 목표 지점이었다.

중산리를 출발한 지 한 시간 남짓 되었을까, 뒤따라 올라온 서너 명의 젊은 등산객들과 마주쳤다. 우리가 법계사 야영장을 찾아가는 길이라 하자, 길을 잘못 들어섰다며 지도를 꺼내 놓고 좀 전 그냥 지나쳤던 바위 밑의 순로順路를 찾아 주었다.

우리는 계획을 바꿔 샘터바위 등산로 옆에 텐트를 쳤다. 자정이 다 되어서야 오리털 침낭 안의 따사로움을 만끽할 수 있었다. 깊은 산속임을 실감케 하듯, 칠흑 같은 어둠 속에 바람소리가 요란했다.

잠결에 등산객들의 도란대는 소리를 듣고 번쩍 정신이 들었다. 어둠이 서서히 물러가고 있었다.

새벽안개가 걷히며 모습을 드러낸 천왕봉은 알몸이었다. 분명 어제 하루 곱게 물든 단풍 길을 달려와 산행을 시작했건만 자고 일어나보니 산꼭대기는 한겨울인 양 눈에 덮여 있었다.

지난해 9월 설악산 대청봉 오를 때의 일이 생각났다. 그때도 분명 푸르른 나무숲으로 올라갔는데 끝청 밑에서 야영을 하고 일어나 보니 이 무슨 자연의 오묘한 조화이던가. 온 산이 울긋불긋 단풍이 물들어 있었던 것이다. 산 아래는 초가을인데 산꼭대기는 만추였다. 그런데 이번엔 분명 가을 지리산을 올라왔는데 자고 보니 거긴 또 겨울이었다.

지리산의 주봉인 천왕봉을 오르는 길 중 가장 근거리로 빠르게 정상을 밟을 수 있는 코스가 우리가 택한 법계사 길이었다. 고전적인 맛이 풍긴다는 이 등산로는 총거리 10여 Km에 보통 4시간 남짓 걸린다는데 우리 일행은 6시간도 넘게 걸려 정상에 닿았다.

이튿날 오전 11시 20분, 우리는 절벽길을 올라 천왕봉 정상에 우뚝 섰다. 거대한 바윗덩어리는 흰 눈과 사람들로 덮여 있었다.

하늘을 상징한다는 1,915m의 천왕봉은 마치 한 발 앞서 달려가는 선지자인 양 눈옷을 입고 있었다. 전날 온 비가 산꼭대기엔 눈이 되었다. 산을 사랑하는 사람들에게 내린 하늘의 축복인 듯싶었다. 하늘과 구름이 어우러져 태초가 손짓하고 산봉우리들이 키재기를 하고 있었다.

저 멀리에 반야봉, 그 끝이 노고단인가. 백두산에서 힘차게 뻗어 나온 백두대간이 한반도의 척추를 이루고 나서 요동친 끝자락, 역사의 격랑이 일고 간 골짜기마다 생명력이 넘치는 영봉들이 너무도 수려했다. 피아골, 뱀사골, 칠선계곡이 저 아래 어디쯤일까.

정상 한 발 내려선 곳에서 커피 한 잔을 마시며 지리산 첫 등정의 희열을 음미했다. 함께 커피를 마시던 대원은, 바위에 기댄 채 깊은 잠에 빠진 듯 코를 골았다.

우리 일행은 12시경 하산을 시작했다. 동쪽 경상도 땅에서 올라가 서쪽 전라도 땅으로 내려가는데 간밤 내린눈이 빙판길을 만들어 엉금엉금 기어 내려가야만 했다. 아이젠을 준비해 오지 않은 것이 후회스러웠다. 넘어지고 미끄러지면서 난코스를 통과하느라 힘이 배로 들었다.

내려갈수록 수월해지는 하산 길이건만 천왕봉에서 백무동 가는 길은 그 반대였다. 내려갈수록 힘이 더 들었다.

'백무동 4Km'란 표지판이 보이고 난 뒤부터 끝없는 돌밭길이 펼쳐졌다. 그런데 작은 돌들이 아니라 푸른 이끼를 머금은 뾰족뾰족한 중돌들이 촘촘히 박혀 있어, 일정한 템포를 유지하지 못하면 엉덩방아를 찧기 십상이었다.

발목을 절룩이며 백무동에 닿은 것은 오후 5시경, 5시간이 소요되었다. 더덕구이를 곁들인 막걸리가 피로회복제였다. 귀로의 버스에 올라 지리산 골짜기를 빠져 나오면서, 나는 또 하나의 세계명작을 독파하고 난 기분을 느꼈다.

한 해 4백만 명 이상이 찾아온다는 지리산에서 나는 새로운 산행풍속도를 엿볼 수 있어 흐뭇했다. 젊은이들의 독무대 같던 명산 순례길에 장년층이 크게 늘고, 부부동반이 많아졌다는 것, 우리가 지날 때 젊은이들이 길을 비켜 주면서 인사를 건넨다는 사실이었다. 고무적인 일이 아닐 수 없다.

그렇다. 왜 나이 많은 우리가 길을 비켜서야 하는가. 오늘날 젊은 그들이 청춘을 맘껏 구가할 수 있는 풍요로움이 어디서 왔단 말인가. 아버지 세대가 땀 흘려 일군 결과가 아니겠는가. 모자 쓰면 아저씨, 모자 벗으면 할아버지로 불리는 이 땅의 50대여, 호연지기는 젊은이들의 전유물이 아니다. 빨리 오를 수 없으면 마음부터 오르자. 숨이 차거든 쉬엄쉬엄 가자. 원색으로 곱게 차려 입고 오르는 산길에 분명 삶의 의미가 새롭게 느껴지리라.

백록담 안개비

부부란 함께 살다보면 서로 닮게 마련인가 보다.

일요일마다 정성껏 도시락을 싸주고 배낭을 챙겨주던 아내가, 하루는 "나도 한번 따라가 볼까."한다. 반갑기도 하고 걱정스럽기도 했다. 아내는 허약체질에다 신경통마저 있어 평지를 걸을 때도 숨이 차 높은 산은 엄두도 못내 온 약골이다.

할 수 없이 야트막한 산을 오르기로 했다. 아니다 다를까, 완만한 오르막길에서도 주저앉기 일쑤였다. 그래도 강단은 있어서 포기하자는 유혹을 끝까지 뿌리쳤다.

아내는 며칠을 끙끙대며 앓는 소리를 냈다. 내심 다시는 따라나설 일 없겠지 싶었는데 그게 아니었다. 속리산 문장대를 오르던 날 또 주섬주섬 등산복을 입고 나서는 게 아닌가. 처녀시절 올라 본 일이 있어 문제없다는 거였다. 법주사 쪽보다 수월한 화북 코스로 배려를 했는데도 아내의 걸음은 거북이를 닮았다. 마치 명절 때 고속도로를 엉금엉금 기어가는 차량들처럼 가다 서다의 반복이었다.

부부동반으로 한라산을 가게 되었을 때 나는 아내를 동반하는 일이 퍽 망설여졌다. 둘이 다닐 때야 늦든 말든 상관이 없는 일이나 단체로 오르는 높은 산이 아닌가.

아내의 의향을 물었더니 거두절미하고 따라가겠다는 거였다. 그동안 연습을 많이 해서 걱정 안 해도 된다는 것이었다.

나의 걱정은 기우였다. 20여 명이 앞서거니뒤서거니 올라가는 한라산 등정에, 아내는 단연 선두 그룹에 끼였다. 오히려 내가 못 따라 잡을 지경이었다. 유월 중순인데도 철쭉꽃 천지였다. 우리는 쪽빛 바다 푸른 빛에 취하고, 철쭉꽃 은근한 미소에 반해 힘든 줄도 모르고 기분 좋게 올라갔다. 수평선을 바라다보며 가다 보니 높이 오른다는 느낌이 들지 않았고, 시원한 바닷바람이 옷깃을 날려 땀이 별로 나지도 않았다.

어느 사이 철쭉밭이 끝나고 누운 향나무 군락이 펼쳐졌다. 이름 모를 풀꽃들이 모진 바람 속에서도 노오랗게, 빠알갛게 무더기무더기 피어 있는 산허리에 닿았다. 누군가가 '저 노란 꽃들이 미나리아제비꽃이고, 이쪽 보랏빛 꽃이 한라돌쩌귀'라고 일러주었다.

조릿대밭을 지나자 주목처럼 쭉쭉 뻗어 오른 기품이 빼어난 나무들이 군락을 이루고 있다. 한라산에서 가장 볼 만한 구상

나무 단지였다. 이 나무는 희귀종으로 설악산, 지리산 등 높은 산에서만 볼 수 있으며, 살아서 천년, 죽어서 천년을 산다고 했다.

오전 7시 산행을 시작한 우리 일행이 영실에 닿은 것은 10시경, 오른쪽으로 깊은 계곡이 나타났다. 바로 오백나한 병풍바위지대다. 절벽 위에 수백 개의 이상야릇한 형상을 한 돌기둥들이 숲을 뚫고 치솟아 장관을 이루고 있었다.

여기서부터 경사가 심한 등산로를 따라 한 시간쯤 올라 어승생 코스와 만나는 윗세오름에 닿았다. 해발 1,714m 지점이었다. 대피소 입구에서 국립공원 관리요원들이 길을 막았다. 청정지역 환경오염을 막기 위해 일체의 먹을거리 반입이 금지된다고 했다. 우리는 두어 시간이면 다녀올 수 있다는 관리요원들의 말만 믿고 배낭을 벗어놓았으나 계산착오였다. 시간이 많이 지체되어 체력도 딸리는데다 허기까지 겹쳐 이중고를 겪어야만 했다.

한라산 날씨는 과연 변덕쟁이였다. 밑에서 바라볼 때만 해도 정상 한쪽으로 구름 한 무더기만 있는 쾌청한 날씨였으나 불과 서너 시간 사이에 어디서 모여들었는지 구름 천지가 되어버렸다.

그나마 행운이라고 할까. 우리 내외를 비롯한 선두 그룹은 정상 둔덕에 올라 잠시나마 백록담 물을 조망할 수 있었으나 한 발 늦게 도착한 일행 몇은 안개비가 완전히 분화구를 덮어,

간발의 차이로 보지 못하고 말았다.

옛날 신선들이 내려와 백록白鹿을 희롱하며 놀았다는 한반도 남단 가장 높은 곳에 올라 정지용의 시 한 수를 읊조리는 불과 2~3분 사이에 천지가 안개세상이 되어버린 것이다. "쫓겨온 실구름 일말에도 백록담은 흐리운다"는 구절이 그대로 맞았다.

아내는 어렵사리 정상에 고인 산정호수를 보아서인지 내려오는 길에 더욱 생기가 돋았다. 허기진 배를 물로 채우면서도 기분이 썩 좋은 듯 내 손을 잡아끌기도 했다. 오후 5시경, 우리는 바닷가에 닿았다. 이날, 구상나무 고사목이 천년을 밟고 서 있는 철쭉밭에서 찍은 사진 중에 작품 한 점을 건졌다.

하이얀 고사목 옆에서 나의 팔짱을 낀 아내의 얼굴에는 철쭉꽃이 붉게 물을 들였고, 뒷배경으로 얄미운 훼방꾼이던 안개비가 한줄기 햇빛에 쫓겨 스멀스멀 달아나고 있었다.

철쭉꽃들이 잡은 손을 놓지 말고 살아가라 한다. 우리 내외는 안방 벽에 걸린 사진을 올려다 보며 고단한 삶 속에서도 한라산을 오르던 그 기백을 잃지 말자고 다짐을 하곤 한다.

목발 졸업식

소백산을 다시 찾았다. 비로봉을 오르는 가장 짧고 평탄한 코스인 어의곡 등산로를 택했지만 두어 시간이면 오르던 길을 세 시간 반이나 걸려 오를 수 있었다. 한쪽 겨드랑이에 목발 하나가 달려 있었기에.

철쭉꽃이 만개한 비로봉 정상에 5월의 마지막 햇살이 눈부시다. 바위 하나 없이 펑퍼짐하게 뻗어나간 고산 초원지대의 부드러운 오색토, 마치 어머니 품에 안긴 듯 안온했다. 발아래 수많은 연봉들이 물결쳐 나간 곳에 하늘이 닿았다.

오늘의 산행은 아주 특별한 뜻이 있다. 오른쪽 다리에 골절상을 입은 지 1백여 일 만에 드디어 그 목발을 훌훌 던져버리려 올라온 산행길이 아니던가.

한 달 만에 깁스를 풀고도 두 달을 더 기다렸다. 산을 오를 수 없었던 지난 3개월여. 내겐 절망의 늪이었고 캄캄한 터널이었다. 이제 그 터널을 빠져나와 산의 품속에 다시 안긴 것이다.

함께 올라온 산벗들이 축배를 들 자리를 만들어 주었다. 멀리 신선봉이 보이는 주목군락 옆에서 사이다를 탄 막걸리가 산벗들의 얼굴에도 불그레한 철쭉꽃을 피워 주었다. 산심山心이 아교가 되어 부러진 뼈를 붙여 놓았다는 등산대장의 덕담은 "목발졸업 건배!" 합창으로 이어졌다. 온몸에 산의 기운이 요동치면서 힘이 솟았다.

참으로 어처구니없는 불상사였다. 그동안 높고 험한 많은 산들을 오르내리면서도 탈이 없던 내가 평탄한 집 앞길에서 넘어져 발목이 부러지는 중상을 입을 줄이야.

한순간의 방심이 화근을 부른 것이다. 밤이라고는 하나 어두운 골목길도 아니고, 술에 취한 상태도 아니었다. 집 근처의 식당에서 저녁을 먹고 나오다가 문턱에 걸려 한 발을 헛디뎠고, 몸이 중심을 잃고 넘어지면서 하필이면 디딤돌 모서리에 오른쪽 다리가 정통으로 부딪혔다. 외마디 비명을 지르며 나동그라진 나는 일어날 수가 없게 되어 버렸다.

기가 찰 노릇이었다. 가까스로 집에 옮겨진 나는 혀를 차면서도 갑자기 들이닥친 불행을 어쩔 수 없이 현실로 받아들여야만 했다.

이튿날 난생처음 앰뷸런스에 실려 정형외과로 옮겨졌고, X-

레이 촬영 결과는 예상대로였다. 오른발 복숭아뼈 아랫부분과 바깥쪽 비골에 하이얀 테두리가 선명했다.

“곱게 부러져서 다행입니다.”

의례적인 위로의 말을 건네는 전문의는 그러나 상처 부위가 너무 부어올라 당장 깁스도 할 수 없는 상태라고 했다. 얼마나 걸리겠느냐고 초조해 하자 시큰둥한 어조로 “두어 달 목발 신세를 져야 할 걸요.” 했다. 부목을 대고 압박붕대를 감는 응급 조치를 끝낸 의사는 다친 발을 딛거나 힘이 실리지 않도록 각별히 조심하라는 당부를 한 뒤 ‘발에 부기가 빠지면 오라.’는 말로 진료를 마감했다.

목발을 겨드랑이에 끼고 나니 갑자기 세상이 멈춰 선 듯도 하고, 달리는 기차에서 나 혼자만 밖으로 튕겨져 온 듯 기분이 묘했다.

‘하필이면 이 바쁜 때에….’

상을 받네, 이별 여행을 떠나네, 산악회 회장을 맡네…. 내가 너무 자만에 빠졌던 탓일까. 갑년甲年 음력 선달그믐에 액땜이라도 한 것일까. 그동안 좋은 일만 생긴다 싶더니 하느님께서는 축복만 주는 것이 아니었다.

그러나 낙담만 하고 있을 일이 아니었다. 우선 직장에 출근 못하게 된 정황을 알리고 점심 약속부터 취소시키는 등 사고에 따른 조치를 취해 나갔다. 다음날 함께 겨울수련회를 떠나기로 했던 대학신문사 후배들의 실망이 제일 컸다. 행사 자체가 취소되고 말았다.

전화통에 불이 났다. 직장 동료, 문우들에서부터 아침마다 산에서 만나는 등산 친구, 목욕멤버에 이르기까지 나의 부상 소식은 날개를 단 듯 퍼져나갔다.

한데 내가 골절상을 입었다는 소식을 들은 사람들 대부분이 어떻게 다쳤느냐고 묻지도 않고 새벽 등산길에 넘어져 다친 줄 아는 것이 아닌가.

"내 그럴 줄 알았어. 캄캄한 새벽에 산을 왜 올라가는 거여."

불문곡직 단정을 하고 나오는 바람에 그게 아니라고 장황히 설명할 수도 없는 노릇이어서 우물우물해 버렸다.

처음 며칠 동안은 방안에서 몸을 움직이는 데도 불편이 컸으나, 하루 이틀 지나는 사이 요령이 생겨났다. 화장실까지도 벌벌 기어다니다가 궁둥이에 끌게판을 대고 밀어 보니 훨씬 수월했다. 문제는 6년째 거동을 못하고 누워 계시는 아버지의 간병이었다. 내가 하던 몫까지 아내가 도맡을 수밖에 없었다. 이런 경우를 엎친 데 덮친 격이라고 할 것인가.

일주일이 지나서야 발등의 부기가 가라앉아 병원을 다시 찾을 수 있었다. 겨우 발가락만 내놓고는 무릎 밑까지 깁스 보호막이 쳐졌다.

"한 달 정도면 풀 수 있을까요?"

풀 죽은 목소리에 "젊은 사람 같으면 되겠지만…." 하고 젊은 의사는 부정을 하면서도 "등산을 많이 다니셨다니 어디 한

번 두고 봅시다." 했다.

세상은 나 하나쯤 빠져도 잘만 굴러갔다. 처음 얼마간 북새통이던 전화도 이내 조용해졌다. 찾아오는 발길도 뜸해지고 저녁때만 되면 은근히 기다려지기까지 하던 주당들의 호출도 끊겼다. 세상이 나라는 존재를 까맣게 잊어버린 듯했다.

나는 이 때다, 싶어 그동안 미루어 오던 일감을 꺼냈다. 학교의 역사 사진정리 작업이었다. 한 가지 일에만 몰두하다 보니 의외로 진척이 빨랐다. 방 하나 가득 사진을 늘어놓고 한 장 한 장 골라 나가다가 밤을 새는 일이 생겨도 걱정이 없었다. 출근이라는 일상의 생활을 벗어났으므로 서너 달 걸릴 듯한 화보 편집 작업을 한 달 만에 끝낼 수가 있었다. 발목 골절상이 오히려 일의 능률을 올리는 결과가 되었다.

정확하게 한 달 되는 날 병원을 찾아갔다. 깁스 풀기를 너무 급하게 서두른다고 고개를 갸우뚱하던 의사가 사진이나 찍어 보자고 했다. 잠시 후 X-레이 필름을 들고 나온 의사가 "아주 좋은데요. 풀어봅시다." 했다. 내 눈으로 보아도 하얗게 띠를 둘렀던 테는 보이지 않았다.

날카로운 전기톱날이 내리그어지면서 나의 오른발을 무겁게 짓누르고 있던 석고덩이가 쉽게 갈라져 나갔다. 가슴까지 후련한 톱질 소리였다. 시꺼먼 피멍은 그대로 있었다.

깁스를 푼 뒤 발목을 만지던 의사의 입에서 다시 가벼운 탄성이 터졌다.

“체질이 좋은가 보군요. 젊은이 부럽지 않습니다.”

그러나 깁스를 풀었다고 완쾌된 것은 아니었다. 목발이 익숙해져서 남의 시선이 따갑지 않을 때쯤 되자 다친 발에 서서히 힘이 붙었다. 한쪽 목발을 졸업하고 나자, 남은 한쪽은 높은 산에 올라가 버리고 싶은 충동이 일었다. 철쭉제가 끝나가는 소백산을 오르기로 한 것이다.

소백산에서 돌아온 늦은 10시, 현관에 들어서서 등산화의 끈을 푸는데 어디선가 기침 소리가 들렸다. 아버지 방이었다. 뇌졸중으로 수년째 누워 계시는 아버지의 카랑카랑한 기침 소리가 오늘따라 크게 들렸다.

내 유년기부터 무서움을 떨쳐내 주고, 용기를 북돋아 주던 아버지의 기침 소리이다. 방문을 열었다. 비스듬히 누워 나를 바라보시는 무념의 시선, 알아보시는 듯도 하고 몰라보시는 듯도 했다.

문득 계시처럼 다가서는 깨우침, 온갖 악조건을 잘 버텨내시는 아버지의 저 강인한 생명력이 체질로 내 몸속에 살아 있기에, 오늘 내가 부상을 딛고 일어나 산을 오를 수 있었음이랴.

머리가 끄덕여졌다. 누워계셔도 오래 사셔야 나의 건강도 지켜질 것만 같았다. 아버지의 기침 소리가 나의 혈맥에 살아 있음을 새삼 확인한 이번 발목 골절상, 값진 깨달음이 될 듯하다.

천반산에서

대진고속도로가 시원스레 뚫리고 나자 호남내륙지역의 명산들이 다투어 손짓을 해 왔다. 올라갈 산들이 무진장(무주·진안·장수) 많았다. 충청지역만 즐겨 찾던 휴일산행에 선택의 폭이 넓어질 수밖에.

청주에서 출발하여 한 시간 남짓 드라이브를 즐기고 등산으로 서너 시간 땀을 흘린 뒤 오는 길에 금산의 인삼탕이나 유성온천에 들러 피로를 말끔히 씻고 나면 새로 시작되는 한 주일에 활력이 넘칠 수 있다. 산행코스 고르기에 탄력이 붙었다.

등산은 내기를 할 수 없어 좋다. 골프나 테니스도 늘그막까지 할 수 있는 좋은 운동이지만 승부를 가리는 내기를 하다 보면 지는 쪽에서는 누적된 피로를 풀기는커녕 오히려 스트레스가 가중될 수도 있다. 산행은 또 단순한 운동만도 아니다.

삶의 참된 의미를 찾아 나선 구도자의 길 같기도 하다.

전북 진안에 있는 천반산天盤山은 야트막하면서도 풍광이 아름다운 산이다. 멀리 덕유산 영봉을 바라보며 강(금강)과 내(구랑천)로 띠를 두른 천반낙도天盤落桃에 우뚝 서서 마치 천반산은 수줍음 타는 촌색시 같은 얼굴을 하고 있다. 신록도 연둣빛이 좋듯이 단풍도 붉게 타고 있는 만추보다 푸른 숲에 붉은 빛이 너울거리는 초가을이 더 매력적이다.

등산은 독서나 음악 감상에 견줄 만하다.

지리산 영봉의 파노라마는 이청준의 ≪서편제≫, 괴산의 대야산은 이문구의 ≪관촌수필≫이 연상되고, 속리산 영봉 종주는 베토벤 9번 〈합창〉 교향곡의 장쾌한 멜로디에 빠져드는 듯하다. 그래서 내가 즐겨 오르는 산마다 명작과 명곡의 이미지를 붙여놓고 산행을 못하는 날에는 책과 음악으로 그 산행의 감동을 대신 느끼는 것이다.

헌데 이날 천반산 등산은 웬일인지 명작이나 명곡 대신 나의 목욕코스가 떠오르는 것이 아닌가. 입욕 하자마자 한증막으로 직행, 한참동안 땀을 흘린 뒤에 온탕, 열탕, 냉탕을 오가다가 적외선 룸에서 묵상에 잠기는 목욕버릇이 천반산 등반과 너무도 흡사하다는데 생각이 미치자 쿡쿡 웃음이 나왔다.

신기마을을 끼고 배밭을 지나 등산로 안내판에서 코스를 가늠한 뒤, 통나무 계단 길로 접어들자마자 가파른 급경사 지대가 나왔다. 한증막이 연상됐다. 눈을 지그시 감은 채 불가마

속에서 숨을 헐떡거렸다. 함께 오르던 산우회 멤버들이 보이지 않았다. 비탈길에서 한중막을 즐기다가 나 혼자가 되어버렸다.

제1봉인 서릉 삼거리까지의 30여 분 간은 밧줄을 타고 올라가는 암릉구간까지 있어 인내를 필요로 했다. 능선길에 올라서니 속옷까지 젖어버릴 정도였다. 땀을 흘리고 나면 몸이 가벼워진다. 사방을 조망하니 탁 트인 서북쪽으로 덕유산을 끼고 백두대간이 힘차게 내닫는다. 동편 아래로는 육지 속의 섬 죽도의 모래밭이 하이얀 치아를 드러낸 채 웃고 있었다.

여기서 정상까지는 두어 봉우리를 더 넘어야 했는데 오르는 길은 열탕이고 내리는 길은 온탕, 그리고 평탄한 능선 길은 냉탕에 해당되었다. 계곡에서 올라채는 바람이 섬뜩했다.

할미굴, 한림대터, 성터를 거쳐 남덕유산과 마이산이 한눈에 잡히는 646m의 정상에 이르는 코스가 등산의 맛을 한껏 돋워 주었다.

그러나 나의 이 기발한 목욕 비유 발상은 힘은 덜 들게 하는데 보탬이 되었지만 이내 지워 버려야 했다. 정상 근처에서 마주친 장애학생들 때문이었다. 걷기조차 힘든 그들이 도우미들의 부축을 받으며 안간힘을 다해 올라오고 있는 모습은 처절하고도 엄숙했다.

내가 올라온 반대편에서 정상에 이른 특수학교 학생 30여 명은 땀에 뒤범벅이 된 얼굴에 티 없이 맑은 웃음을 활짝 터뜨리고 있었다. 다가가서 몇 마디 소감을 묻고 싶었으나 방해가 될 듯싶어 자제했다.

잠시 기도를 올리거나 나무를 부둥켜 안고 입맞춤을 하거나 산 아래를 내려다보며 일그러진 얼굴로 야호를 외치는 그들의 모습에서, 경건한 그 무엇이 느껴졌다. 그들을 마주치면 애써 외면하며 살아왔던 내가 너무도 부끄러웠다.

천반산이란 이름이 예사롭지 않다. 하늘의 소반이니 이곳은 하늘의 뜨락이고 저들은 그 뜨락을 노니는 천사들이 아닐까 싶었다. 하늘뜨락에는 언제나 하늘이 내려와 있어 천사들의 놀이터가 되는 곳이다.

산 오르기를 목욕에 비유한 속물근성이 더없이 밉다. 자신과의 싸움을 이기고 하늘 뜨락을 밟은 저들의 희열에 찬 미소가 내 마음까지도 깨끗이 헹구어 주는 듯하다.

단풍마중

설악雪嶽의 가을은 산꼭대기에서 시작된다.

대청봉에서 밤마다 몰래 능선을 타고 내려오는 가을의 전령사들은 유난히도 부끄럼을 많이 타나 보다. 동해바다 먼 수평선에 해가 솟아오르면 그만 낼름 나무들 사이에 몸을 감추고 얼굴을 붉힌다. 그래서 파랗던 나무들에 빠알간 물이 들고 만다.

난생처음 포도농사를 지으며 농심農心을 헤아리던 그 여름 끝자락에 설악을 찾았다. 단맛이 듬뿍 든 포도송이 들고 가을의 전령사들을 마중하고 싶어서.

우리는 밤을 기다려 한계령 능선을 올라탔다. 야간 등산은 길만 보여서 편안하다. 낭떠러지길 옆을 가도 무섭지도 두렵지도 않다. 그냥 대열을 따라 앞만 보고 나가다보면 지루하지 않게 높은 봉우리에 닿을 수가 있다. 렌턴으로 밝힌 두어 발짝

앞만 보며 가파른 산길을 올라가는데 만나고 싶었던 전령사들은 찾을 길 없고 한가위를 넘긴 하이얀 달빛이 운해雲海를 거느리고 좀 쉬었다가라 손짓을 했다.

끝청 밑에 텐트를 치고 대자연 속에 몸을 맡겼던 다음날 아침, 고단한 눈을 뜨자마자 내 입에서 감탄사가 절로 나왔다. 아, 이 무슨 오묘한 조화인가. 눈부신 아침 햇살을 받고 온갖 나무들이 붉게 타고 있지 않은가.

어제 저녁 분명 푸르른 나뭇잎들이 파도처럼 일렁이는 여름산을 올라왔는데, 하룻밤 자고 나니 온 천지가 붉은 빛으로 뒤덮여 버렸다. 마치 딴 세상에 온 듯했다. 산꼭대기와 평지의 기온차가 큰 탓이다.

이윽고 눈앞에 파노라마처럼 펼쳐지는 서북능선과 용아장성릉의 장관, 한달음에 내닫고 싶었던 그 날의 강렬한 충동이 내 마음속에 붉은 단풍잎 빛깔로 각인되어 버렸다.

지금도 설악능선을 떠올리면 가슴이 떨려온다.

가을에는 더 높은 산을 오르고 싶다. 한 발 앞서 가을산의 선지자를 만나는 기쁨을 온몸으로 느껴보고 싶다.

산에서 만나던 노인

이른 아침 등산길에서 만나던 노인이 있었다.

언제나 한 발 먼저 올라와 가볍게 몸을 풀고 있는 노인에게 인사를 건네면 목소리만 듣고도 누구인지를 알아내곤 했다. 이윽고 동녘에서 해가 솟으면 기다렸다는 듯 '이이야아-호-.'를 포효하는 모습이 꼭두새벽 홰를 치는 수탉에 견줄까. 야윈 몸매에 등마저 휘었지만 천군만마를 호령하는 장수인 양 기품이 당당했다.

"등산이 보약이여, 정력에는 그만이여."

뜬금없이 등산예찬론을 펼 때는 좀 주책이다 싶었으나 두어 해쯤 지난 뒤엔 기력이 쇠퇴해진 탓인지 정력 얘기는 쑥 들어가 버렸다.

노인은 '영감님!' 하는 호칭에는 시큰둥한 반응을 보이다가 하루는 무심코 "형님!" 하고 불렀더니 정에 메말랐던 탓인지 "왜 그랴 동상!" 하고 반가워했다. 옆에 있던 친구가 "나이 차이가 얼만데 무슨 형님이야." 하고 비례非禮를 꼬집었지만 듣는 이가 좋아하면 그만 아니랴 싶었다.

어느 날, 노인은 자식들을 외지로 보내고 혼자 사는 신세타령을 늘어놨다.

'인생 말짱 헛거여. 일장춘몽이여!'

말머리를 바꾸느라 우문愚問을 던져 보았다.

"영감님, 금방 내려갈 산을 뭣허러 꼭대기까지 매일 올라오세요?"

기다리기라도 했다는 듯 던지는 한마디가 걸작이었다.

"죽어서 올라올 때 힘 안들게 할려구 미리 연습하는겨. 연습."

눈섭마저 하얗게 세어버린 노인의 이 한 마디가 그날따라 가슴에 와 닿았다. 죽으면 어차피 묻힐 산이기에 그 산에 정을 붙이고자 올라가는 연습을 하고 있다는 한마디에 인생의 철리哲理가 들어 있지 않은가. 영감은 욕심도 미련도 다 떨쳐버렸다는 말인가. 그렇다면 나 또한 그 영감을 흉내 내고 있는 것은 아닐까.

해를 거듭할수록 허리가 더 꼬부라든 노인은 등산 목표지점을 낮추어 갔다. 산의 정상에서 안테나가 있는 중간 봉우리로, 중턱 체육장으로 내려가다가 마침내 산 어귀의 굴참나무단지 산책로로 잦아들었다. 정상파에서 중턱파, 문턱파가 되어버린 것이다. 그러다가 산책로까지도 오는 날이 드문드문하더니, 지난 해 봄이던가 노인의 발길이 아예 끊어지고 말았다.

누구나 겪는 인생의 도정道程인듯싶으면서도, 은근히 궁금하기까지 했다. 죽음을 맞이할 연습도 끝났으니 어쩌면 노인은 이미 이승사람이 아닐 수도 있다는 생각도 들었다. 연락처라도 알아놓지 못한 것이 아쉬웠고, 형님이라 불러주던 헤픈 마음이 밉기까지 하였다.

아침 산에서 만나는 사람들을 붙잡고 수소문해 보았지만 노인의 근황은 알 길이 없었다. 다만 그가 좋은 직장을 다녔다는 것, 객기를 좀 부리다가 도가 지나쳐서 자식들마저 훌훌 떠나버리고 말았다는 것, 어느 달동네 문간방에서 기거를 해왔다는 단편적인 소문만 들렸을 뿐. 먼 훗날의 내 모습으로까지 비쳐지던 노인의 자태를 애써 지워 버리기로 했다.

겨울 못지않은 꽃샘추위가 기승을 부리던 3월 어느 날, 중학교 동창모임의 총무로부터 전화가 걸려왔다.

누가 부친상을 당했다는 전갈인데 상주 이름이 생소했다.

"3반에 있던 축구부 수문장하던 꺽다리 있잖아…."

부연설명을 듣고 보니 동창생인 듯은 했으나 갈 마음이 내키지 않았다. 오랜 세월 소식을 끊고 살아온 희미한 기억 속의 이름이었으므로.

"고향 떠난 지 오래돼서 외로운 처지야…. 혼자 사시던 아버지가 돌아가신 걸 일주일 지나서야 알았다는 거야."

총무의 가라앉은 목소리가 마음에 걸려 의료원 영안실을 찾지 않을 수 없었다. 문상객 서넛이 빈소를 지키고 있었다.

버릇처럼 고인의 영정 앞에 향을 사르고 묵도를 올리던 나는 소스라쳐 놀라버리고 말았다.

'아니, 저 분은?'

바로 그 영감이었다. 아침 등산길에서 마주치던 노인, 소식을 몰라 궁금해 하던 철학자 같던 주영감의 초췌한 얼굴이 하이얀 국화꽃 송이에 파묻혀 이승의 마지막 호사를 누리고 있었다.

나는 노인의 아들인 동창생과 매우 의례적인 문상 절차를 밟고 바로 일어섰다. 아침산에서 만나던 사연은 꺼내고 싶지 않았다. 부의금 봉투를 내밀면서 접수 보는 사람에게 장지葬地가 어디냐고 물어보았다.

"내일 아침 7시 충주로 가서 화장火葬을 합니다. 납골당은 경기도…."

말을 가로막았다. 더 듣고 싶지가 않았다. 노인에게 산 오르기 연습은 도로徒勞였음에랴.

연보

1938. 9. 15	충북 청원군 남일면 효촌리 출생.

• 학력

1954	청주사범병설중학교 졸업.
1957	청주공업고등학교 졸업.
1963	청주대학교 국문학과 졸업.
1971	청주대학교대학원 국문학과 졸업.

• 경력

1964~66	대성여자중학교 교사.
1966~68	대성중학교 교사.
1968~72	청주상업고등학교 교사.
1972~81	대성여자상업고등학교 교사.
1981~86	청주대학교 인문대학 강사 · 대학신문 부주간.
1986~99	청주대학교 홍보과장-실장 · 대외협력실장.
1994	국제로타리 3740지구 청주상당클럽 회장.
2000~08	청주문화원장.
2004~08	한국문화원연합회 부회장-충청북도지회장.
2002~	현재청주문화산업재단 이사.
2003~	현재청주시립정보도서관 운영위원장.
2004~	현재청주대학교평생교육원 수필창작반 지도교수.

2006~	현재한국선사문화연구원 이사.
2006~	현재KBS청주방송총국 시청자위원.
2008~	현재국립청주박물관 운영자문위원장.
2008	2008문화의달 행사 추진위원장.
2008~현재	청주문화원 고문.

• 문학 활동

1963	서울시 추계청소앙양 시나리오 공모 당선 동아방송 아침꽁트 집필.
1963	KBS청주방송 단막극 공모 당선. 이후 5년간 전속.

• 작가 활동

1964~현재	충북문인협회 회원.
1978~80	충북예총부지부장.
1997	≪수필과 비평≫ 1 · 2월호 '포도수확기'로 등단.
2000~현재	한국문인협회 회원, 한국수필가협회 회원(현 이사).
2000~현재	≪수필과 비평≫ 편집위원.
2001~03	충북수필문학회 회장.
2007~09	수필과비평작가회의 회장.

• 저서

1997	≪산에서 여는 아침≫ 수필과비평사.
2005(공저)	≪아름다운 간격≫ 계간문예.
2008	≪땅 한 평, 책 한 권≫ 도서출판 일광.

• **수상**

1999	신곡문학상.
2003	충북수필문학상.
2005	GS문학상(남촌문학상).
2006	충북문학상.
2008	문화훈장 화관장.

현대수필가 100인선 · 58
박영수 수필선

망초꽃 핀 언덕

초판인쇄 | 2009년 6월 10일
초판발행 | 2009년 6월 15일

지은이 | 박 영 수
펴낸이 | 서 정 환
펴낸곳 | 좋은수필사

주 소 | 서울시 종로구 익선동 30-6
운현신화타워 빌딩 3층 305호
전 화 | 02)3675-5635, 063)275-4000
등 록 | 1984년 8월 17일 제28호
홈페이지 | http://www.shin-a. co. kr
e-mail | essay321@hanmail.net

값 7,000원

ISBN 978-89-5925-372-2 04810
ISBN 978-89-5925-247-3 (전 100권)